做温和而坚定的父母

这样表扬批评孩子才会听

[日] 岛村华子 著
渠海霞 译

中信出版集团 | 北京

图书在版编目（CIP）数据

做温和而坚定的父母：这样表扬批评孩子才会听 /
（日）岛村华子著；渠海霞译．-- 北京：中信出版社，
2022.9
ISBN 978-7-5217-3917-6

Ⅰ．①做… Ⅱ．①岛… ②渠… Ⅲ．①家庭教育
Ⅳ．① G78

中国版本图书馆 CIP 数据核字 (2022) 第 007940 号

Discover

做温和而坚定的父母：这样表扬批评孩子才会听

著　　者：［日］岛村华子
译　　者：渠海霞
出版发行：中信出版集团股份有限公司
（北京市朝阳区惠新东街甲 4 号富盛大厦 2 座　邮编　100029）
承 印 者：嘉业印刷（天津）有限公司

开　　本：880mm × 1230mm　1/32　　印　　张：6
插　　页：4　　字　　数：109 千字
版　　次：2022 年 9 月第 1 版　　印　　次：2022 年 9 月第 1 次印刷
京权图字：01-2021-4560
书　　号：ISBN 978-7-5217-3917-6
定　　价：39.80 元

服务热线：400-600-8099
投稿邮箱：author@citicpub.com

0~17岁孩子各发展阶段特征
与“来自孩子的信息”

时期	幼年期				
年龄	0～1岁	1～2岁	2～3岁	3～4岁	4～5岁
发展阶段特征	· 刚开始做不到，但慢慢能够控制手脚的动作 · 用手或嘴探索自己所处的环境 · 试图通过声音、动作、表情进行交流 · 慢慢能听懂他人的语言 · 开始听懂自己的名字	· 行动更加自如 · 试图通过触摸或推倒东西来进行探知 · 渐渐开始理解自己的感受 · 开始学会说话，并能理解更多口头语言（如简单的指示） · 自我意识萌生，开始对陌生人形成抵触情绪 · 需要引导和帮助以控制自我	· 更想独立行走、奔跑、跳跃 · 什么都想自己做 · 喜欢模仿大人 · 能用语言表达自己的心情 · 自我意识或自立精神增强 · 想跟朋友玩儿，但在分享玩具方面仍需要大人引导和帮助 · 仍需要引导和帮助以控制自我	· 会踢球、攀登等，能自己独立做的事情逐渐增多 · 开始能自己解决问题 · 逐渐能表达各种感情 · 口头表达能力增强 · 从原来只说单个词，到逐渐可以用长句子表达 · 自我意识或自立精神进一步增强（自我中心） · 能体会到与朋友一起玩儿的快乐，更想与朋友待在一起 · 逐渐形成秩序感	· 身高剧增，身体协调能力也进一步增强 · 逐渐开始理解现实与童话之间的区别，但尚不能完全加以区分 · 开始表达更多的情感 · 开始会用长句子讲话或者制造话题 · 开始告状或者“称王称霸” · 自我意识继续增强的同时，开始逐渐理解他人的心情 · 开始懂得秩序或分享 · 情况不妙的时候会撒谎 · 喜欢和朋友一起玩儿，习惯了离开父母
来自孩子的信息	“请让我不断重复”	“请帮我学会独立做事”			

时期	幼年期	儿童期		青少年期	
年龄	5～6岁	6～8岁	9～11岁	12～14岁	15～17岁
发展阶段特征	· 身体协调能力进一步完善，平衡感也逐渐增强 · 表达心情的时候开始附加原因 · 更能理解他人的心情 · 词汇量大大增加，能进行较长篇幅的表述 · 逻辑思维逐渐形成 · 开始评价自己，犯了错会产生负罪感，但很难承认 · 事事都想知道为什么 · 渴望获得朋友的喜爱 · 喜欢制定规则与朋友一起玩	· 大部分事情能自己做（如换衣服、运动） · 开始学会长时间思考事情 · 能更详细地说明经历、想法、心情 · 开始运用逻辑思维，对规则或事物的好坏对错变得敏感 · 能顺畅地与大人对话交流 · 能读能写 · 开始从父母或家人那里寻求独立 · 比起自己，更重视友情或团队协作 · 希望获得朋友的喜爱与认可	· 体力继续增强，精力旺盛 · 是非分明 · 对身体形象变得敏感 · 尊重规则，另一方面开始质疑权威 · 信息处理能力增强 · 会使用比喻 · 能写比口语更复杂的文章 · 喜欢小组合作学习 · 开始在乎身边人的看法 · 友情进一步复杂化，喜欢同性的朋友（源于性别认同）	· 身体开始发生较大变化（如变声、出现体毛） · 情绪不稳定 · 更加在意身体形象、外表 · 开始将自己与他人作比较 · 重视归属感和是否受朋友欢迎 · 与父母保持距离 · 开始质疑、排斥大人的价值观 · 渴望私密空间 · 自立欲强烈，但也需要大人的认可 · 开始走出自我小圈子，对世界充满兴趣 · 对身边人的看法更加敏感	· 身体进一步发生变化（如变声、体毛增多） · 身高逐渐停止增长（尤其是女孩） · 对身体形象、外表、所有物（如衣服、鞋子）等十分敏感 · 如何融入朋友圈是最大的烦恼 · 开始对爱情或性产生兴趣 · 比起与父母在一起，更重视与朋友相处的时间 · 常使用俗语 · 能像大人一样沟通交流 · 开始展望、憧憬未来
来自孩子的信息	“请帮我学会独立做事”	“请帮我学会独立思考”		“请帮我学会与你一起思考”	

亲子对话中的表扬和批评方式

表扬

敷衍，以人为中心

真棒！你好了不起啊！
不愧是××啊！

×

“敷衍，以人为中心”的表扬方式是缺乏具体性，仅侧重性格、能力、外表等表面特征的表扬方式。这种表扬方式乍一看似乎很好，但却可能会导致孩子过度依赖表扬，对表扬之外的事情失去兴趣或者不愿继续努力。

以过程为中心

坚持不懈地练习，你真努力啊！

√

不是称赞结果、能力或性格，而是具体谈及过程中努力的态度、开动脑筋想办法的耐心等，并加以鼓励。如此一来，即使在结果不尽如人意的情况下，孩子也能想方设法继续努力。

更加具体的表扬

你在做××的时候，
一项一项做得好认真啊！

√

不是称赞“真棒”“太好啦”，而是更加具体地谈及过程，例如颜色、形状、数量等，将看到的如实表述出来。通过具体的反馈，孩子能够明白自己做得好的地方和尚需努力的地方，积极性自然会提高。

自由回答式的提问

你觉得哪里最难呀？

√

进行可以展开对话的自由回答式提问。重要的不是将父母怎么想之类的评价强加给孩子，而是孩子自己感觉如何。仅仅谈论、分享开心的事或成功的事也可以。

批评

以人为中心

你这个孩子怎么这么坏啊！
你怎么就做不好啊！

×

“以人为中心”的批评方式是批判孩子的性格、能力、外表等方面的缺点或不足。孩子一旦被批判性格或能力，就会产生“反正我不行”的无力感，很容易丧失继续努力、争取成功的积极性。

以过程为中心

你想做××呀。
怎么才能做到呢？
我们一起想想吧！

√

首先要理解孩子想要做什么、说什么，然后从肯定性的语言开始对话。具体性地反馈想达成结果需要付出的努力或实行的方法（有时是不成熟的方法），和孩子一起思考应该怎么做，引导孩子争取下次成功。

说明理由

如果突然做××的话，
可能会××，
所以，做××吧！

√

具体性地说明孩子的行为会对其自身或他人造成什么样的影响。此外，向孩子真实传达父母的心情也很有效，比如可以对其说“如果你打朋友的话，妈妈会很伤心的”，等等。

序言

不论是在家庭中还是在教育机构，对孩子表扬和批评的方法都是困惑着人们的一件难事吧。

你是否有意识地思考过应该如何表扬或批评孩子呢？

你是否常常会不自觉地使用下面这样的语言呢？

● 表扬

“真棒！”

“做得真好啊！好能干啊！”

“不愧是哥哥（姐姐）啊！”

● 批评

“不是跟你说过不要这样吗?!”

“快点儿做××！”

“你为什么就不能遵守约定呀？”

事实上，表扬和批评方式会对亲子关系和孩子成长产生很大影响。日本有很多自我认同感低的孩子，原因或许并非源于谦逊文化的表扬不足，而是低效的表扬或批评方式。

我在加拿大担任过蒙台梭利教育法的教师，亲身体会到奖赏不仅和惩罚一样会产生消极的结果，而且两者对孩子来说原本都是不必要的。

一旦孩子一心想要获得奖赏或者逃避大人的惩罚而采取行动，就会很难看清孩子自身所具有的好奇心或兴趣。

我刚刚当教师的时候，曾表扬一个早早写完字的孩子："真棒啊！写得好快！"那之后，这个孩子总是飞快地写完作业拿给我看。

慢慢地，这个孩子也不去花时间做到让自己满意，而仅仅专注于早些做完以获得我的表扬。

这一段教学经历让我明白了一件事：通过表扬这一行为给予奖励其实和惩罚一样，即便是无意为之，也很可能稍有不慎客观上便控制了孩子的行为或动机，从而妨碍孩子去做真正想要做的事。

我还是对源于孩子内心的动机更感兴趣，于是便结束了教师生活，到英国去研究基于动机理论的高效表扬方式。

而且，我对蒙台梭利教育法以外的其他教育方式也非常感兴趣，便对蒙台梭利教育法和卢梭·爱弥儿教育法的效果进行了研究。这两种教育方法虽然在课程体系等微观教育方法上存在较大差异，但以宏观视角观之便会发现，在以绝对尊重孩子为基础这一点上，二者非常相似。

蒙台梭利教育法和卢梭·爱弥儿教育法都认为，每个孩子不仅是生来便具有一定能力的强大学习者，而且是拥有权利的公民。这种儿童观是这两种教育方法的支柱。一旦把孩子看成是独立公民，大人或许就会努力创造环境，帮助孩子满足求知欲以便进一步增强其自主性。一旦把孩子看成是拥有权利的公民，大人或许就会尊重孩子的主张，并且会以学习者的谦虚姿态去与孩子相处。

这种儿童观不仅会影响大人与孩子的相处方式，还会对大人的教育理念或大人所发挥的作用产生巨大影响。而且，谈论教育和育儿的时候，大人还要反思一下有没有不知不觉地将自己认定的成功概念强加给孩子，有没有打着教育和爱的旗号采取有条件的相处方式。

旨在探索有利于孩子身心发展的表扬和批评方式的教育是什么样的呢？不将大人的期待或评价强加给孩子的育儿又如何呢？作为一名幼儿教育者和儿童发展学研究者，我希望通过本书跟大家分享一些基于教育理论和研究数据的高效交流方式。

本书不仅分析了“了不起”“真能干”“好棒”或者“不

行”“不可以”之类说法的不良影响，还介绍了很多摆脱这些口头禅的说话要领。此外，还介绍了不以爱为诱饵，直面孩子一切的无条件育儿的原则和方法。

仅仅是有意识地稍微改变一下平时无意中说出的表扬或批评的口头禅，就能够拉近与孩子之间的距离。只要稍微反思一下自己对孩子的印象，或许就可以从有条件的相处方式转换为无条件的相处方式。衷心希望这本书能够在育儿和教育方面给大家以启发。

最后，本书所介绍的表扬和批评方式主要适用于 3~12 岁的孩子。

蒙台梭利教育法概念图

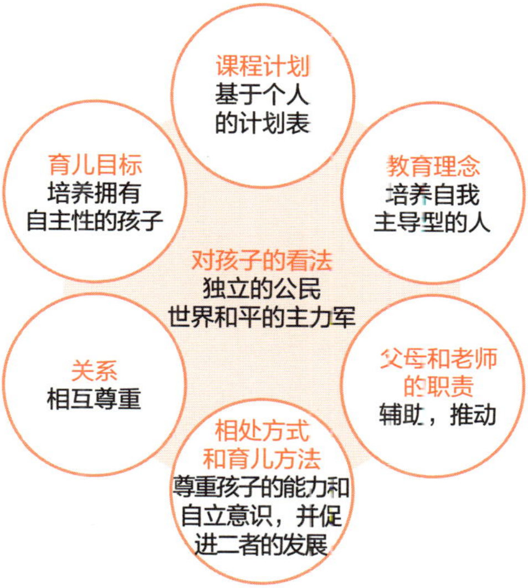

卢梭·爱弥儿教育法概念图

译者序

究竟该如何育儿常常成为困扰人们的一大问题。当今社会，“棍棒底下出孝子”的传统观念已逐渐被摈弃，“虎爸”“虎妈”式的育儿理念也多受质疑，而盛行已久的“表扬式育儿”似乎又令人担心会对孩子的心理承受能力造成不利影响。在育儿问题备受关注的情况下，各种各样的教育理念更是层出不穷，某种程度上反而令满怀育儿热情的父母们无所适从。

那么，在育儿过程中，究竟是该以表扬为主还是以批评为主呢？相信很多爸爸妈妈都对该问题做过不同程度的思考，也曾或多或少地关注过相关教育理念，译者本人作为两个孩子的妈妈就曾被该问题所困扰。本书作者岛村华子作为牛津大学儿童发展学博士，对动机理论、执行功能、社会性与情绪学习、幼儿教育质量评价等心理学、教育学问题都有深入研究，尤其熟悉和擅长蒙台梭利教育法和卢梭·爱弥儿教育法。作者在如何通过恰当有效的表扬和批评方式来培养孩子的自主性和自立精神方面，为我们提供了一些独辟蹊径而又令人茅塞顿开的参考意见。读了该书之后，我们会豁然发现育儿过程中，关键问题不在于是该以表扬为主还是以批评为主，而是我们应该采取什么样的表扬和批评方式，才能使孩子逐渐成长为自信自强、自主自立、开朗豁达、勇于担当的人。

该书内容共分 5 章，分别从不同角度介绍育儿过程中表扬和批评的方式。第 1 章“父母的讲话方式会对孩子产生影响”，着重强调无条件育儿的重要性及五大原则。通过该章内容，我们既可以认识到有条件育儿的不良影响，又可以学到相关改善对策，在重新审视自己对孩子所持印象的基础上，朝着更利于孩子和父母自身成长的无条件育儿靠近。第 2、3 章分别详细介绍了有助于孩子自立的表扬和批评方式。这两章在充分介绍敷衍式表扬、惩罚式批评，以及以人为中心的表扬和批评方式不可取的原因的基础上，运用具体案例详细说明了重过程、具体化、接纳式、引导性表扬和批评方式应该如何有效展开。第 4 章“利于亲子沟通的倾听习惯”则具体介绍了积极倾听在育儿过程中的重要性，并举例说明了如何在与孩子的对话中，有意识地运用积极倾听的方法，来取得良好的沟通效果。第 5 章“这种时候应该怎么办？常见问题答疑”则以六大问题为例，进一步为我们解析育儿中经常遇到的孩子沉迷游戏、偏食、祖父母娇惯等问题，并分析了如何具体对待不同年龄段的孩子。

本书最为可贵的地方，或许还在于作者“攻于术而不匮于术”，在详细介绍育儿中有助于孩子自立的表扬和批评方式之后，作者于后记中强调指出“一定要轻松育儿！”对于现代父母，特别是母亲所面临的各种育儿压力，作者不仅分析了其压力来源，而且进一步指出，父母自己幸福很重要，因为只有自身幸福的父母才能给予孩子更多的爱和指引。在陪伴孩子这一热门问题方面，作者明确指出，陪伴质量比陪伴时间的长短更重要，并建议没有充足时间陪伴孩子的父母不必为此焦虑，只需要在能够陪伴的时间里高质量陪伴即可。正如作者最后分析的那样，父母也是人，没有必要苛求尽善尽美，关键是要做到真诚育儿，也就是在不断反省、调整、完善中成长，多多去关爱孩子。

渠海霞

目录

第1章 父母的讲话方式会对孩子产生影响

01 这些赞扬之词会剥夺孩子的自主性？……002

02 有条件育儿的可怕弊端……008

03 无条件育儿的五个原则……012

04 无条件育儿原则1　注意表扬和批评方式……014

05 无条件育儿原则2　反思对孩子的看法……016

06 无条件育儿原则3　做好孩子的领导者……022

07 无条件育儿原则4　重新审视对孩子的要求……024

08 无条件育儿原则5　树立育儿的长期目标……026

第 2 章 有助于孩子自立的表扬方式

01 警惕漫不经心的表扬和鼓励！……030
02 三种表扬方式，哪种正确？……032
03 敷衍式表扬和夸人式表扬不可取的四大理由……034
04 表扬三要点……040
案例 01 字写得好的时候……048
案例 02 帮忙做家务的时候……050
案例 03 友善待人的时候……052
案例 04 称赞外表的时候……054
案例 05 会自己穿衣服的时候……056
案例 06 给爸爸画了肖像画的时候……058
案例 07 会在厕所尿尿的时候……060
案例 08 会过人行横道的时候……062
案例 09 演讲等活动进展顺利的时候……064
案例 10 考试取得好成绩的时候……066

第 3 章 有助于孩子自立的批评方式

01 惩罚式批评方式不可取的四大理由 ……070

02 奖励和惩罚的两大陷阱 ……074

03 高明批评方式四要素 ……077

04 高明批评方式 1　尽量不说“不行！”“不对！”……079

05 高明批评方式 2　看重努力或过程而不是结果 ……082

06 高明批评方式 3　说明反对某些行为的理由 ……084

07 高明批评方式 4　如实传达父母的心情 ……086

案例 01　在墙上乱画的时候 ……090

案例 02　坐不住的时候 ……092

案例 03　玩抽纸的时候 ……094

案例 04　弄乱房间的时候 ……096

案例 05　弄洒果汁的时候 ……098

案例 06　在超市耍赖的时候 ……100

案例 07　打朋友的时候 ……102

案例 08　考试成绩不理想的时候……104
案例 09　抵触做作业的时候……106
案例 10　不按时回家的时候……108

第 4 章　利于亲子沟通的倾听习惯

01 利于孩子成长的积极倾听……112
02 积极倾听四大要点……116
03 试着去倾听……121
04 容易导致亲子冲突的七个习惯……128
05 利于亲子沟通的七个习惯……133

第 5 章　这种时候应该怎么办？常见问题答疑

问题 1　应该根据年龄区别对待吗？……140
问题 2　不严加批评就不听话，想好好说话很难吧？……143

问题 3　怎样才能让孩子遵守“每天玩游戏 30 分钟”的约定？……147
问题 4　如何应对来自祖父母的溺爱？……150
问题 5　孩子挑食怎么办？……154
问题 6　孩子已经上初一了，现在开始还有效果吗？……158
亲子育儿专家分享时间……162
后　记……166

第1章

父母的讲话方式会对孩子产生影响

01 这些赞扬之词会剥夺孩子的自主性?

奖励和惩罚就好比是糖果和大棒。即使无意为之，父母实际上也能够通过使用这样的“糖果”和“大棒”，按照自己的想法来控制孩子的行为。

这叫作“有条件的相处方式”。这种方法被称作“正强化”，常常用于驯化动物。

与有条件的相处方式相反的，就是“无条件的相处方式”。我们来详细看一下这两种方式的差别。

● 育儿中两种与孩子的相处方式

①有条件的相处方式（有条件育儿）

根据孩子行为的好坏使用奖励或惩罚来调整爱的倾注程度，并企图以此来控制孩子的行为。

②无条件的相处方式（无条件育儿）

不管孩子行为好坏都全心全意去爱，并关注孩子的心情。

在育儿中，当我们采取无条件的相处方式（无条件育儿）的时候，无论孩子行为好坏，我们都会全心全意去爱他们。不是控制孩子，而是考虑他们的心情，并分析其行为的原因。

与此相对，有条件的相处方式（有条件育儿）是仅仅在孩子按照大人的意志采取行动时才给予他们爱，而在孩子不符合大人期待的时候就收回对他们的爱。

我想很多人都会想："绝对没有这样的事情。父母什么时候都会爱孩子，也正因为如此才会为了孩子而批评或者表扬他们。”

的确如此。但是，幼小的孩子对来自父母的爱的变化十分敏感。因此，如果父母长期采取以爱为诱饵的相处方式，孩子就会在受表扬的时候感觉自己是被爱的，反之则认为是不被爱的。关键不是大人自己觉得“我是爱孩子的”，而是作为爱的接收方的孩子实际感受如何。

孩子渴望得到父母的爱。因此，他们常常为了获得爱，而试图采取一些会被表扬或者讨父母欢心的行动。

被剥夺了爱的孩子

具体是怎么回事呢？

举个例子，假设你约好了每晚为长女读绘本。但长女却在睡前闹着说：“我不想换衣服！”你还有一个更小的孩子，但又不知该如何应对怎么都不听话的长女。于是便认定不听话的长女没有跟自己一起读绘本的权利，并作为惩罚取消绘本时间。

被剥夺与妈妈或爸爸一起度过的时间，这在孩子看来就是被剥夺了爱。像这样，长期以爱为诱饵采取有条件的相处方式，孩子就会认为不按照父母的意志行事就得不到爱。

相反，无条件的相处方式则是在长女磨蹭耍赖之后依然像平时一样陪其读绘本。在绘本时间之前或之后，可以跟她谈谈刚才的事情，也可以通过第 87~88 页介绍的“我讯息”沟通法来传达自己的心情。

也就是说，通过保持和平时一样的亲子时间来展示一件事：父母并不是以爱为诱饵，即使孩子做了不符合父母期待的行为，父母依然爱孩子。

是否把孩子当作“一个人”去尊重？

无条件的相处方式和有条件的相处方式之间有一个决定性的差别，那就是是否把孩子当作一个完整的个体去看待。

无条件的相处方式首先考虑想法或行为产生的原因。然后在此基础上一起寻找最佳解决对策。当然，大人需要取得领导权来引导孩子。不过，这也正是因为信任孩子，并将其作为一个能够胜任各种事情的人来尊重才能够做到。

另一方面，有条件的相处方式是仅仅根据行为来判断。大人并不去考虑孩子为什么会做出那种行为，而是仅仅根据表面行为来指责其不对，如果不符合父母期待的话就给予惩罚。父母之所以这样对待孩子是因为对孩子抱有"孩子自己什么也做不了，必须由父母来判断""还不值得信赖"之类的否定性印象。

对孩子的爱是不求回报的馈赠

有条件的相处方式和无条件的相处方式的另一个巨大差别是大人自己如何理解父母的爱。

在无条件的相处方式中，父母的爱是不求回报的馈赠。而在有条件的相处方式中，父母的爱是孩子必须通过好好表现来争取的东西。因此，孩子如果做个好孩子父母就爱，否则就不爱并惩罚孩子。

如果我们仅仅拘泥于表面行为，那就会忘记去体察孩子的本质，而仅仅用褒奖或惩罚的态度去对待孩子。如果我们透过行为去看孩子，那就能看到一个痛苦挣扎并需要我们帮助的小小的人儿。

——丽贝卡·艾恩

02 有条件育儿的可怕弊端

有条件育儿存在四个弊端。

1. 只能在短期内见到教育效果
2. 只能获得有条件的自我认同感
3. 亲子关系恶化
4. 代际传递

①只能在短期内见到教育效果

如果实行有条件育儿，短期内孩子会变得很听父母的话。

源于内心产生的如果不按照父母期望行事便得不到爱的恐惧感或压力，抑或出于如果听话就能获得父母认可的想法，孩子会约束自己的行为。

但是，这始终只能一时讨父母欢心，孩子并不是发自内心地为谁着想，而仅仅是出于一个自私的动机。

②只能获得有条件的自我认同感

即使在短期内见到一定成效，有条件育儿的代价也非常大。得不到无条件爱的孩子在进行自我评价的时候，往往会被外界的认可（来自周围的赞美、物质的奖励等）所左右，越来越多的情况下只能获得某种有条件的自我认同感。

比如，只有在上司或同事称赞说“工作干得真好”时才能感到自己能干，或者得不到周围人“真棒啊”

之类的赞扬自己就无法获得自信。

③亲子关系恶化

被以有条件育儿方式养育长大的孩子常常被父母拒绝，结果就会对父母产生愤懑情绪，亲子关系也会随之恶化。

很多时候，即便大人自己认为是在无条件地珍视孩子，孩子也未必能够感受到。

重要的是父母不要满足于“自己对孩子倾注了无条件的爱”之类的自我评价，而要有意识地思考一下孩子对大人的爱有着什么样的感受。

将来，当孩子被问到“在与父母意见发生冲突的时候，你也能感到自己是被他们爱着的吗？”的时候，你希望自己的孩子做出怎样的回答呢？

④代际传递

据悉，有条件育儿方式很可能会发生代际传递。

接受着有条件的爱长大的孩子当了父母之后，尽管也意识到父母对自己所做的事情是消极的，但很多情况下依然会对自己的孩子使用同样的方法。

因为一旦被无意识地灌输了用爱的手腕去控制对方这一观念，就很难摆脱这种连锁反应。

03 无条件育儿的五个原则

那么，如何从有条件育儿转换为无条件育儿呢？

很重要的一点是无条件育儿并不是放任孩子肆意而为，也不是无条件地顺着孩子，而是与孩子积极沟通，思考育儿究竟是为了谁。并且在考虑孩子感受的同时，努力做一个值得孩子信赖的领导者。

在此介绍一下践行无条件育儿的五个原则。如前所述，原则 1 的“注意表扬和批评方式”是关键一点。

为了更好地进行表扬或批评，父母还必须认真考虑原则 2~5。对孩子抱有什么样的印象，孩子在不同的发展阶段有什么不同需求，以上种种，表扬和批评方式都要随之调整变化。

● 无条件育儿的五个原则

1. 注意表扬和批评方式
2. 反思对孩子的看法
3. 做好孩子的领导者
4. 重新审视对孩子的要求
5. 树立育儿的长期目标

04 无条件育儿原则 1 注意表扬和批评方式

重要的是，表扬和批评的时候都尽量不要集中于能力或外表方面，而要谈及努力或过程，具体讲孩子的行为。

关键是，不要为了按照父母意愿控制孩子行为而进行表扬或批评。

另外，要尽可能多地提出一些问题。进行一些自由回答式的提问，孩子或许就会将潜藏于自己内心的世界向父母敞开。

具体方法将在第2、3章进行介绍。

05 无条件育儿原则 2 反思对孩子的看法

“对孩子的看法”是指个人或集团在教育机构或社会中，如何看待孩子的作用、能力、责任、目的或动机。

父母对孩子抱有什么样的看法会成为父母做出何种行为的根源。

如果认为孩子具有自立能力，父母就会信赖孩子，并提供相应环境帮助其自立。

相反，如果认为孩子自己什么也做不了，父母就会忍不住插手，或者敏感地认为什么事都存在危险性，继而陷入过度保护。

另外，如果认为孩子就应该听大人的话，那就会将大人的意见或价值观强加给孩子来控制其行为。对于提出自己意见的孩子，或许就会贴上“爱顶嘴、不听话”之类的标签，并使其陷入焦虑之中。

相反，如果认为孩子也是和大人一样拥有权利、值得尊重的个体，家长就会更多地倾听孩子的意见，并关注其行为背后的理由或心情。

● 希望孩子将来成为一个自立的大人，却要求其现在做一个顺从的孩子？

如前所述，父母对孩子的印象不同，他们对待孩子的心情或相处方式就会发生极大变化。

如果父母仅仅是一时改变自己的行为，那么并不会发生本质性的变化。只有重新审视、反思自己对孩子的看法，才会发生内在的改变。

“好孩子”是什么样的孩子呢？是乖乖地按照父母吩咐行事、十分遵守规则的孩子吗？

“麻烦的孩子”又是什么样的孩子呢？是不听大人话、自作主张的孩子吗？

不仅仅是在日本，在国外也常常会见到，大人夸奖不在电车或公共汽车上哭闹的小孩子：“好乖”“多了不起啊”“真是个好孩子呀”。

但是，哭闹是孩子的天性。体验各种各样的感情是孩子的本职。探寻自己的兴趣是孩子的使命。用行为传达自身欲求也是孩子的权利。

实际上，孩子的行为明明是符合其成长阶段的特征的，但很多人却要求他们成为不给大人“添麻烦”的孩子。

孩子行为的好坏应该由大人任意判定吗？

有父母希望孩子将来成为唯他人命令是从的人吗？

父母对孩子的看法会左右孩子长大后的行为。假如父母希望孩子成为一个具有独创精神或好奇心并能

够自立的人，那就有必要认真思考一下，自己目前对孩子的看法以及相应的相处方式，是否有助于这一目标的实现。

“希望你长大之后成为一个保持自我、自立自强的人，但孩童时代请做一个乖巧、顺从、听大人话的孩子。”

这怎么想都很矛盾啊！

● 有没有将对性别固有的看法强加给孩子？

在思考对孩子的看法时，还需要注意围绕男女性别差异所产生的刻板印象（固有观念）。

你有没有在不知不觉间，将“男孩子不要哭！”“女孩子要文静！”之类已不符合当今时代的观念，强加给孩子呢？

男孩子流泪果真是脆弱的表现吗？直面自己的情

绪，大胆流泪，这需要勇气，不正是真正的强大吗？

女孩子一旦取得领导权就会很强势吗？团结众人的统率能力跟性别无关。

“会做饭”这一条位列“男性择偶条件”之首，但为什么不列入“女性择偶条件”之内呢？

● 大人的自以为是会限制孩子的潜能和经历

人们关于男女的固有观念影响着孩子的玩具、装扮、技艺等生活的各个方面。

例如，大家是不是常常会这样做呢？对于女孩子，给她买玩偶或者粉红色衣服，让她学芭蕾或钢琴似乎理所当然。而对于男孩子，则会给他买汽车玩具或者蓝色衣服，让他学足球或棒球。

据了解，常玩被看作是“男孩玩具”的积木或猜谜游戏的孩子，空间认知能力会有所提高，而常玩被认为是“女孩玩具”的玩偶或过家家游戏的孩子，其

交际能力和社会情感能力则会得到提高。

像这样，关于男女的固有观念不仅左右着父母的选择和行为，也影响着孩子的成长。

但是，也不必为此就扔掉玩偶或汽车玩具，更不必急着让孩子变换学习的技艺。倘若孩子们自己喜欢，那就没有问题。

不过，请大家意识到这么一点：大人关于性别差异的固有观念不仅会缩小孩子的选择范围，还有可能限制其经历。一定要重新审视一下，有没有因为潜在地抱着一种关于男孩女孩性别差异方面的固有观念，而将孩子束缚在大人偏见的世界里。

06 无条件育儿原则 3 做好孩子的领导者

父母做好孩子的领导者对于孩子心理的稳定非常重要。但我们不可以把“领导”与不容分说地强行支配孩子的独裁型育儿，以及无条件地接受孩子要求不加规制的消极型育儿相混同。

一般而言，优秀的领导者是指那些在共担责任或同做决断的同时能够作为模范统率团队的人。

育儿方面的优秀领导者就是指那些既能与孩子正面交流考虑其感受，同时也会设定必要的限制给孩子以指导的人。

好的领导者尊重孩子想要自立的想法，同时也会跟孩子讲明与自由相伴而生的责任的重要性。此外，好的领导者不会不分青红皂白地批判孩子，或拒绝孩子的意见，而是在商量的基础上寻找解决对策。

当孩子发脾气喊叫、踢蹬、拍打时，父母或许会任其难受或者发怒，并依赖惩罚或奖励来解决问题。但是，在这样的状况下，孩子会感到心中有一种无法控制的不安。

孩子需要的是大人心平气和地接纳他们，从而获得安心感。努力成为你孩子需要的好的领导者吧！

07 无条件育儿原则 4 重新审视对孩子的要求

孩子在不同年龄能做到的事情和家长期待他们能做到的事情也有所不同。重要的是，不向孩子提出不符合其成长阶段的要求。

例如，要求刚出生的婴儿独自行走，这现实吗？要求 2 岁的孩子不要到处走，而是安静地坐上好几个小时，这现实吗？

“相信孩子”与“对孩子抱有不现实的期待”，二者意思迥异。在不同的发展阶段，孩子能做到和做不到的事情本就不同。在不同的成长阶段，我们的心理状态也不一样。不向孩子强加无理要求，这一点非常重要（可参照本书拉页：0~17岁孩子各发展阶段特征与“来自孩子的信息”）。

此外，在对孩子说“要做××！”“不要做××！”之前，请先思考一下是否真正有必要这么说。

多数情况下，“快点儿！”“不要哭！”“别弄洒了！”之类的要求，是大人因为不合自己意才忍不住发出的指令。

因为会晚，所以希望孩子快点儿。因为孩子大声哭泣会让自己觉得丢脸，所以希望孩子不要哭。因为家里会被弄脏，所以希望孩子不要弄洒。像这样的要求清单会没完没了地延续下去。

有没有将自己的意愿强加给孩子？到底是为了谁而提出要求？对孩子来说目前需要的究竟是什么？大人们，请静下心来认真思考一下这些问题吧！

08 无条件育儿原则 5 树立育儿的长期目标

你希望自己的孩子将来成为什么样的人呢?

有必要重新思考一下,自己平时与孩子的相处方式有没有妨碍这一育儿目标的实现。

有没有明明希望孩子将来成为一个具备独立思考能力的人,但当孩子说出自己意见的时候,却认为孩子在顶嘴,并不分青红皂白地训斥一顿?

有没有明明希望孩子成为一个自立的人,却又忍不住将原本能够由其自己完成的事情悉数包办呢?

有没有明明希望孩子成为一个具备抗挫能力的人，却又不想其经历挫折，以致过度保护，常常很多余地为孩子扫清障碍呢？

一定要认真思考一下，自己平时的行为究竟是有助于育儿的长期目标实现，还是会妨碍孩子成长。

“无条件的相处方式”与“有条件的相处方式”

	无条件的相处方式	有条件的相处方式
关注点	作为完整个体的孩子 （理由、心情、想法）	表面行为
对孩子的看法	肯定的	否定的
对爱的看法	不求回报的给予	需要赢取的特权
相处方式	一起解决	通过奖励或惩罚进行控制

第2章

有助于孩子自立的表扬方式

01 警惕漫不经心的表扬和鼓励！

“真厉害！”

“做得好！”

“真了不起！”

“不愧是 ×× 啊！”

“好能干啊！”

“可真是什么都会干啊！”

这些都是夸奖孩子时经常使用的话。

但是，这些听上去肯定的、似乎能够增强孩子自

信的话，却未必会对孩子的成长产生良好的影响。

近来，由于日本人自我认同感（对自己的肯定）低这一问题备受关注，赞扬鼓励法成为育儿主流。

的确，从孩子到大人，谁都具有渴望获得他人赏识的认可欲求。恐怕现在也有很多人希望自己小的时候能够受到父母更多表扬。

但是，不当的表扬方式也存在着各种各样的弊病，比如令孩子不安或压力增加，还可能造成积极性下降等问题。

那么，为什么用“真棒啊！”“乖孩子！”之类的话表扬孩子会导致消极结果呢？又该如何跟孩子交流沟通呢？表扬本身并没有错。给予孩子认可也很重要。不过，不同的表扬方式对孩子成长产生的影响则有好有坏。

02 三种表扬方式，哪种正确？

表扬是指对他人成果、成绩或特点的肯定评价，一般是由评价人主观判定对方好坏。

表扬方式大体可以分为三种。

①敷衍式表扬

不讲什么地方、怎么做得好，只进行欠缺具体性的空洞表扬。

“好棒啊！”“真能干！”

②夸人式表扬

以性格（如温柔、体贴）、能力（如聪明、走路快）、外表（如漂亮、苗条）等表面特征为中心进行表扬。

“真温柔啊！”“好聪明啊！”“好可爱啊！”

③过程式表扬

以努力、过程、积极尝试等为中心进行表扬。

“你坚持做到了最后啊！”

“即使失败你也没有放弃啊！”

“你尝试了很多方法吧！”

例如，当孩子吃饭没有弄洒的时候，仅仅说“好棒！好棒！”就是敷衍式表扬，说“真是乖孩子啊！”则是夸人式表扬，而说“你为了不弄洒饭，改变了勺子的拿法呀！”才是过程式表扬。

03 敷衍式表扬和夸人式表扬不可取的四大理由

敷衍式表扬和夸人式表扬存在四大问题。

1. 形成表扬依赖症
2. 丧失兴趣
3. 挑战精神降低
4. 积极性下降

下面依次来看一下这四大问题。

①形成表扬依赖症

一旦得不到表扬就无法获得自信，只能通过外部认可来发现自我价值。比如，画了画给父母看的时候，倘若听不到“画得真好！”“可真是绘画天才啊！”之类的表扬之词，就会认为自己画的画不行。

此外，由于希望获得认可和表扬这样的认可欲求增强，得不到表扬的时候就会产生不开心或者不安之类的不良情绪。

②丧失兴趣

如果不断听到“真棒啊！”“厉害厉害！”之类的表扬之词，孩子就会对获得表扬这件事本身感到愉快，并开始思考下次怎样才能获得表扬。

结果就会仅仅为了获得表扬而去做事，原本认为愉快的事情也感觉不到什么意义了。

比如，一旦自己画的画得不到“真棒啊！”之类的赞美，就会认为既然得不到夸奖，那就没有必要画画了吧，继而放弃原本喜爱的绘画。

③挑战精神降低

表扬以他人评价为基础。即便是大人，如果被周围人表扬“你工作能力真强啊！”，恐怕有时也会感到压力过大吧。

孩子也是一样。而且担心周围评价降低，为了避免失败会逃避挑战。

例如，倘若不断被夸奖聪明，就会有担心失败、害怕聪明形象崩塌之类的压力，进而试图寻找各种各样的借口来保住周围人的积极评价。

④积极性下降

倘若不管是否努力都能得到“真棒！”之类的评价，那就没有必要进行自我评价了。结果，孩子就会认为不努力也可以，也就体会不到努力完成什么事的必要性了。

例如，如果并未用心去画的画也能够被夸张地表扬“真棒真棒！”，那孩子就会认为这种程度就可以了，就不会再想着努力提高。

关于三种表扬方式的研究

研究者：德韦克博士和米勒博士（1998年）

研究内容：

（1）将128名五年级小学生分为三组进行实验。

（2）让所有孩子都接受智商测试，测试之后分别用三种不同的表扬方式去表扬各个小组。

对1组说“这样的问题都能做出来，真聪明！”来表扬其能力（以人为中心），对2组说“为了解决问题，大家都很努力！”来表扬其努力（以过程为中心），对3组则敷衍式地表扬“做得好！”

1组：夸人式表扬

2组：过程式表扬

3组：敷衍式表扬

（3）询问三组孩子下次要挑战更简单的测试还是

更难的测试。

结果：被表扬能力的孩子（1组）中有67%的孩子选择更简单的测试，而被表扬努力的孩子（2组）中有92%的孩子选择更难的测试。被用敷衍式表扬方式表扬的孩子（3组）的选择则是一半一半。

（4）让孩子们做比刚才难一些的测试，并告诉他们“成绩不太好”。然后问孩子们是否愉快，还想不想继续解答这样的难题。

结果：被表扬能力和得到敷衍式表扬的孩子们中有很多都说不想再继续做题了，并回答解题并不怎么有趣。

而被表扬努力的孩子中有很多都说还想继续做题，并回答解题很有趣。

（5）最后，再让孩子们做跟最初的测试同等水平的测试。

结果：被表扬能力的孩子（1组）的成绩比最初下降了大约20%；被表扬努力的孩子（2组）的成绩提高了大约30%；而被敷衍式表扬的孩子（3组）的成绩则没有太大变化。

总结：当被表扬努力的时候，很多孩子会在失败之后依然展现出想要继续挑战的积极态度。

相反，被表扬能力或受到敷衍式表扬的时候，很多孩子会在面对挑战时展现出消极态度。

从这一实验结果可以看出，夸人式表扬（例如表扬能力）或敷衍式表扬可能会抑制孩子的进取精神。

04 表扬三要点

既然不可以敷衍地表扬一句“真棒！”，而以人为中心赞扬其能力（“好聪明啊！”）或者夸奖其性格（“真温柔啊！”）也收不到良好效果，那么究竟该采取什么样的表扬方式呢？

表扬方式有三大要点。

❶ 不赞结果，赞过程（如努力、态度、做法）

❷ 更加具体地表扬

❸ 进一步询问

● ①不赞结果，赞过程（如努力、态度、做法）

表扬孩子时非常关键的一点就是，不去称赞其能力或性格，而是具体谈及过程中付出的努力、勇于挑战的态度或者勤于思考的做法等，以此来鼓励孩子。

假如孩子考试得了100分。此时不要夸张地赞扬“考了100分，可真聪明啊！”，而是要对其说“得100分，可真是付出了很大的努力啊！”（努力），或者“尝试了很多做法才得出正确答案吧！”（做法）之类的话。

这样一来，孩子即使下次考试得了低分，也不至于自暴自弃地想“自己没有能力，考不好也没有办法”，而是懂得冷静地思考，如何灵活地尝试不同方法以取得成功，并为此付出努力。

当然，在没有看到孩子的具体努力场景或者没有直接听到孩子讲述其奋斗过程的时候，贸然评价过程会显得不够真诚。这种情况下，就可以尝试下面介绍的方法：分享自己看到的具体细节（更加具体地表扬）

或者询问孩子（进一步询问）。

● ②更加具体地表扬

敷衍式表扬所欠缺的就是具体性。

简单地表扬一句“真棒啊！”，也不讲明具体理由，孩子很难明白自己的优秀之处和尚待努力的地方。

例如，一种情况是听到上司说“很好！”，另一种情况是听到上司说“这份资料很清晰明了，看得出你做得非常认真仔细！”，哪一种情况更能令人看到自己的长处呢？

一种说法是“文章写得真好！”，另一种说法是“文章写得各章要点突出，整体非常连贯，很容易读啊！”，哪一种说法更有助于写作技能的提高呢？

如果能够得到这种具体的反馈，那么下一次的积极性就会自然而然地得到提升。

正如在“表扬过程”中看到的一样，让我们一边谈及过程中的努力、态度或做法等具体事项，一边具体告诉孩子哪里做得好，尽早甩掉“真棒！”这一口头禅吧！

具体描述自己所见也是技巧之一。

尽量避免用“真好！”或者“做得真好！”之类的话将成人的评价强加给孩子，而是具体地表达自己看到和感受到的（用色、构图、完成度等）。

假如孩子拼好乐高玩具给你看，不要贸然对其进行评价或者敷衍地表扬，而是要具体地说“组合了这么多颜色，可真是绚丽多彩啊！”，或者“你在这里尝试使用了不同颜色啊！”之类的话。

● ③进一步询问

不仅要表达赞美之情，还要进一步询问孩子。

重要的是孩子自身的感受，父母的想法并不太重要。

询问的时候要尽量避免提缺乏深度的选择式问题，比如“你很开心吧？”之类用简单的“是”或“不”就可以回答的问题，这一点很重要。

要尽量提可以展开对话的自由回答式问题，如“能告诉我你这是做的什么吗？”之类的问题。

而且，使用最高级的形容词（最、第一）来进行自由回答式的提问，也可以非常有效地引导出相关信息。仅仅加上“最”或者“第一”之类的话就可以使询问由笼统变为具体。

这里重要的也是具体性。例如，大家或许有过这样的经历吧。去幼儿园接孩子的时候，当你问“今天过得怎么样？”的时候，孩子很可能回答说“不明白”或者“不知道”。这是因为孩子无法从众多事件中提取和整理信息。

此时，可以问一些“今天和朋友在一起最开心的事是什么？为什么这样想呢？”之类更加明确的问题。

不轻率评价

在这三大要点之外还有几件应该注意的事情。

表扬很多时候都伴随着父母的评价。

也有些时候，大人倘若对孩子什么都不说，心里会感觉不舒服，或者莫名涌起一种罪恶感，往往就容易说一些“真棒啊”“了不起”之类的赞美之词。

但是，孩子原本寻求的并不是评价，而是在完成某件事的时候，在发现新事物的时候，或遇到开心的事的时候，想要和自己喜爱的父母或老师分享。

动机心理学中著名的自我决定理论也认为，归属感和与他人产生联系是人的基本需求之一，在个人的生存意义中不可或缺。

也就是说，通过与重要的人分享自己的喜悦、兴奋、惊讶等感情，个人可以产生一种归属感，继而感觉到幸福。

这种分享并非只能通过语言来达成。有时候，仅仅是点点头也可以，一个拥抱或者一个微笑都可以达到同样的效果。

此外，孩子在集中注意力做什么的时候，大人也没有必要特意去搭话。因为这时候随意搭话可能会对孩子注意力的培养造成不良影响。因此，大人只需要静静注视着即可。

● 倘若真觉得很棒，也可以说“真棒！”

不仅仅是孩子，大人也常常会碰到一些虚假赞美。

大家有没有过这种经历呢？购物试衣服的时候，明明自己都觉得明显不合适，店员却恭维说“真是太合适您啦！”，这时候就会觉得很别扭。

孩子也是一样。当自知并不努力的时候，倘若被夸“可真努力啊！”，也会质疑对方的诚意。

像这样，当自我评价和他人评价之间存在明显偏差的时候，就会产生混乱。并且，当孩子自己感觉父母的表扬过高或过低的时候，很容易导致其学习成绩下降或心情低落。

跟油然而生的表扬不同，试图控制孩子行为的表扬很容易让孩子感到虚假，这不但起不到预想效果，有时还会导致消极结果。

当然，有些时候是真的惊叹于孩子的言行并由衷赞赏。这种时候也没有必要硬去压制自己内心的感受。

当真心觉得孩子很棒的时候，请坦诚地说：“你的想法真棒！我特别佩服！”

案例01 字写得好的时候

“真能干啊！”之类夸人式表扬是只看孩子外在表现的评价。得不到同样评价的时候，孩子就会怀疑自己的才能，或者将自己与其他孩子进行比较。

而当努力或奋斗态度得到认可的时候，孩子就会形成更加努力的内在动力。由于过程式表扬并不执着于结果，因此即使失败了，也可以鼓励其下次继续挑战。

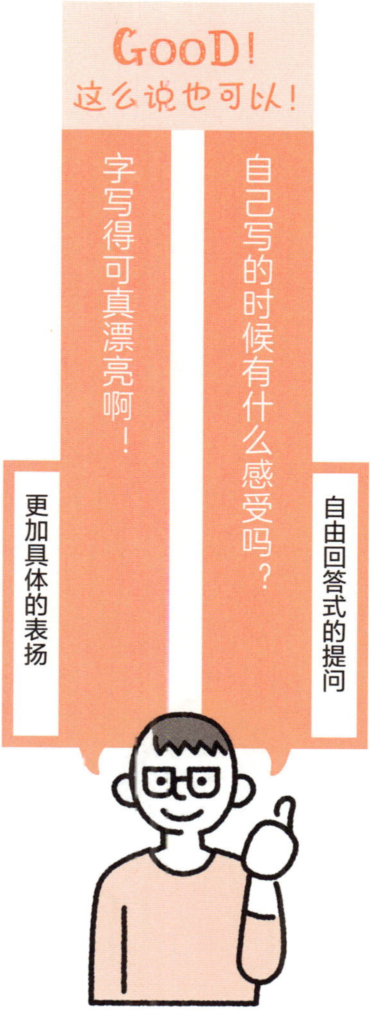

案例02 帮忙做家务的时候

×

敷衍，以人为中心

真不愧是哥哥啊！

√

以过程为中心

这么小就主动帮忙做家务了！

“不愧是哥哥”这种说法其实包含着大人自己强制性的专断期待，也有可能让孩子认为倘若做得不像个哥哥或姐姐就无法获得父母的爱。也就是说，这是一种有附加条件的表扬方式。虽然大人希望孩子能够自觉的心情可以理解，但对孩子来说确实是一种很大的压力。

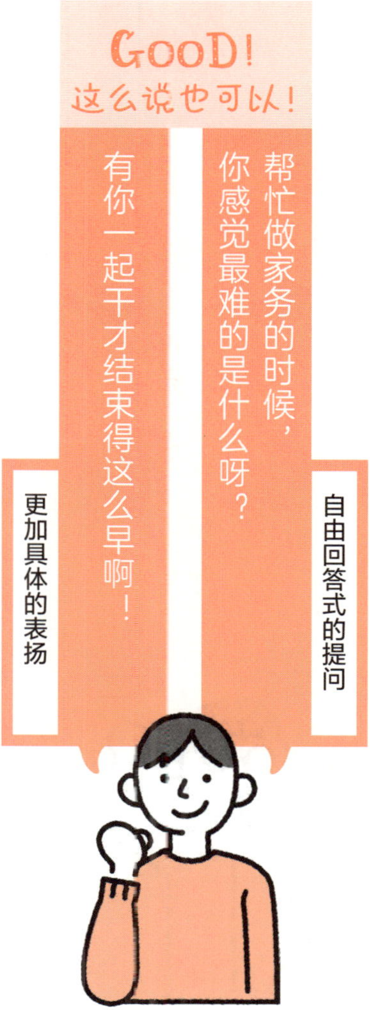

案例03 友善待人的时候

×

敷衍，以人为中心

真是个和善的孩子啊！

√

以过程为中心

你逗朋友笑，让他重新精神起来了！

感谢孩子的体贴行为（社会指向行为）很重要。但是，大人过于期待孩子成为一个友善的人，而为此进行的过度表扬会产生相反的效果。这不仅会给孩子造成压力，还有可能使孩子原本想帮助对方的初衷，演变成以获得表扬为目的。

当孩子自发地去帮助别人时，要认识到他什么地方做得好并提出表扬。

案例04 称赞外表的时候

也许受媒体等影响，年轻女性一味追求瘦等畸形的形体审美已经成为一个很大的问题。称赞外表有可能导致孩子将外表与自我肯定联系在一起。也就是说，会让孩子认为自己除了外表没有其他价值，还有可能让孩子感到必须努力保持某种“美的标准”的巨大压力。

如果想要称赞外表，或许可以就孩子能够改变的事情（衣服、鞋子等的选择）展开对话。

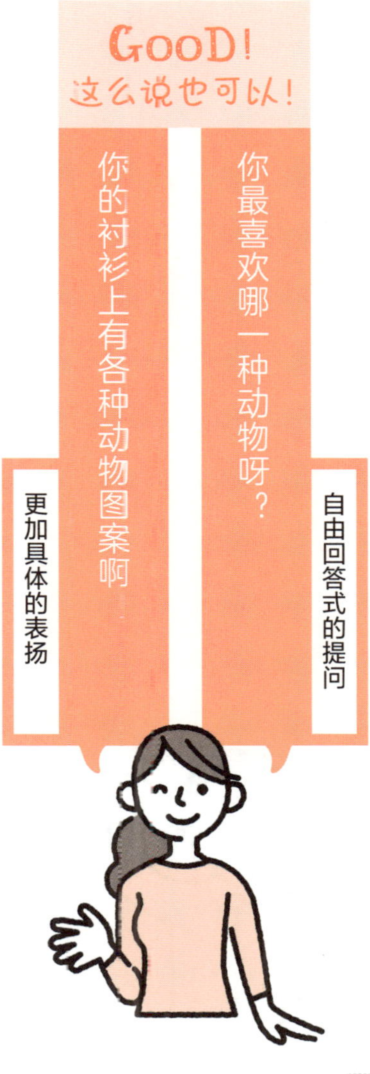

案例05 会自己穿衣服的时候

能够自己做某件事，对于自立需求强烈的幼儿（特别是2~3岁）来说是非常开心的事情。即便是大人，如果在做自己喜欢的平常之事时，被人说“了不起”，恐怕也会感到别扭吧。孩子也只是因为自己想做才去做，并不是为了谁去做。穿衣服或者吃饭也是生活中的必要技能，本来也不是什么“了不起”的事情。倘若孩子非常努力地去做，那就要注意到其付出的努力，并将看到和感受到的传达出来。

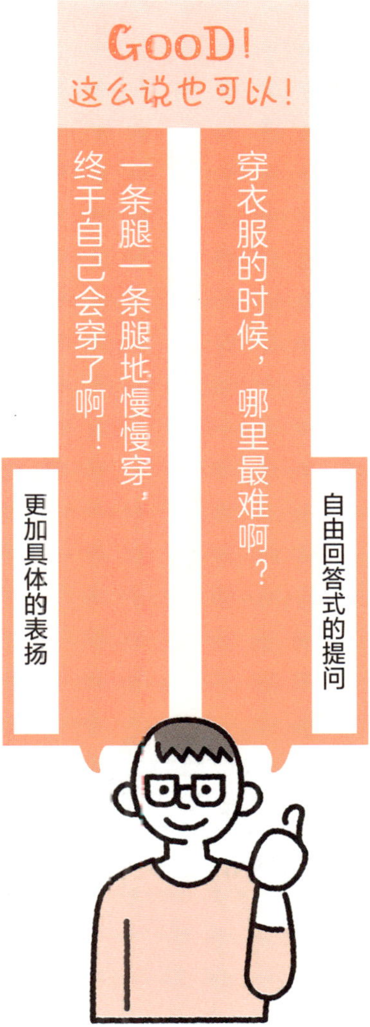

案例06 给爸爸画了肖像画的时候

孩子经常将自己画的画拿给你看吧，每天跑来让你看，你恐怕会疲于应答，或许还会觉得很烦，并不好好看就敷衍地说“真棒啊！”

这样回应倒也简单，但是对孩子来说，每一张画都是新的，如果大人能够满怀兴趣地认真看，孩子会非常开心。所以当孩子跑来让我们看什么的时候，哪怕只有一处，也请与孩子分享你注意到的细节吧。

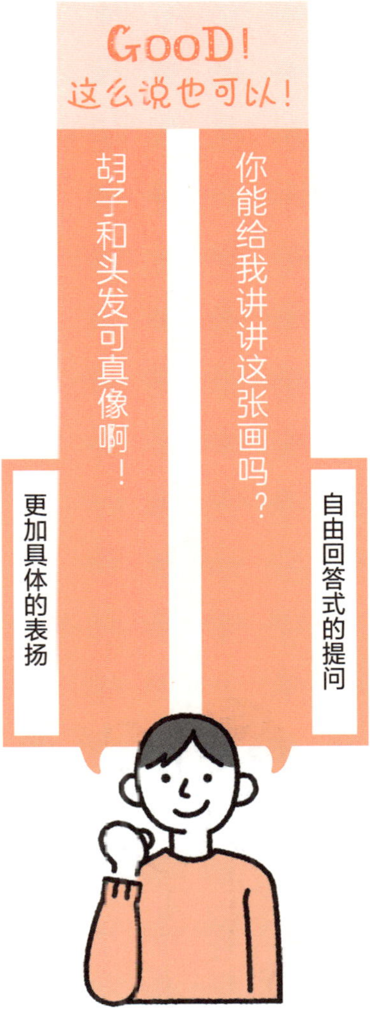

案例07 会在厕所尿尿的时候

大人在对孩子进行如厕训练的时候常常会使用奖赏的方式。但是，使用类似做到了就让其玩贴纸之类的外在奖赏，也许会招致意想不到的麻烦。为了获得奖赏而去厕所，有可能会导致孩子无视自己身体的信号。另外，如果做得不好就无法得到奖赏，也有可能会让孩子以撒娇来磨人，使父母和孩子都体会到不必要的挫败感。因此还是要具体地认识孩子做得好的地方，并具体地夸赞。

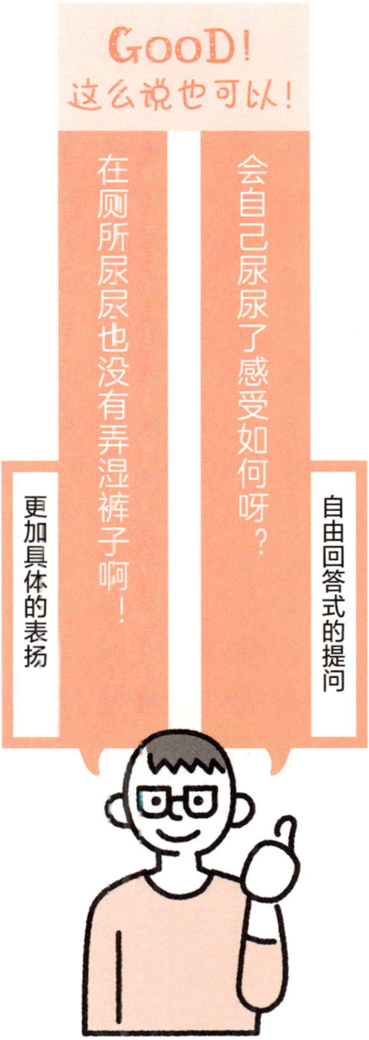

案例08　会过人行横道的时候

敷衍，以人为中心

真是乖孩子啊！

以过程为中心

能够小心地左右看着过人行横道了呀！

过人行横道、乘公共汽车等在孩子生活中与安全息息相关的事情随处皆是。我想肯定有人经历过被突然飞奔到车行道上的孩子吓出一身冷汗的事情。因此大人要传达给孩子的信息并非是要成为“乖孩子”才好好遵守规则，而是由于安全需要。骑自行车的时候戴头盔，坐车的时候系安全带，这些都是用来保护自己的重要事项。大人在这些方面表扬孩子的时候，一定要想着将相关的安全信息传达出来。

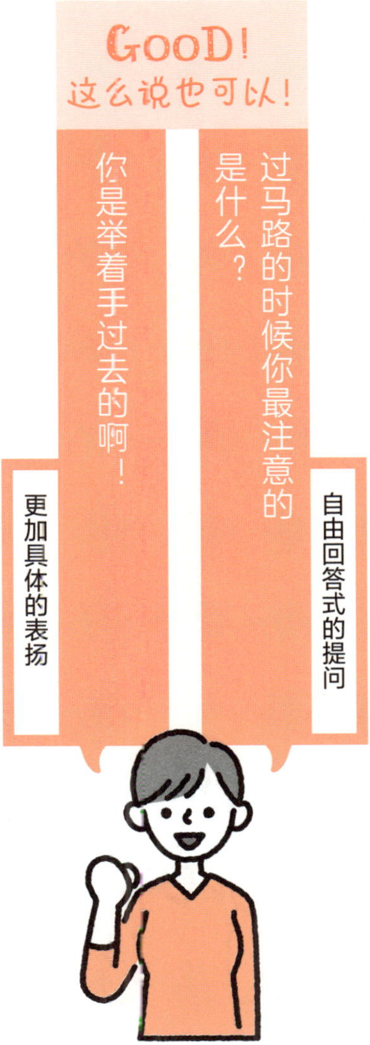

案例09 演讲等活动进展顺利的时候

孩子应该会有很多机会参加运动会、演讲等活动。因为并非每天都经历，所以对孩子说“太棒了！”也很自然，只要这是你的真实想法就好。不过，还是更加具体的反馈能够让孩子真切感受到父母对自己的关注。

例如，当孩子不断练习倒挂单杠的时候，努力学会骑自行车的时候，积极参加体育运动的时候，都请将你的表扬聚焦在其日常努力上。

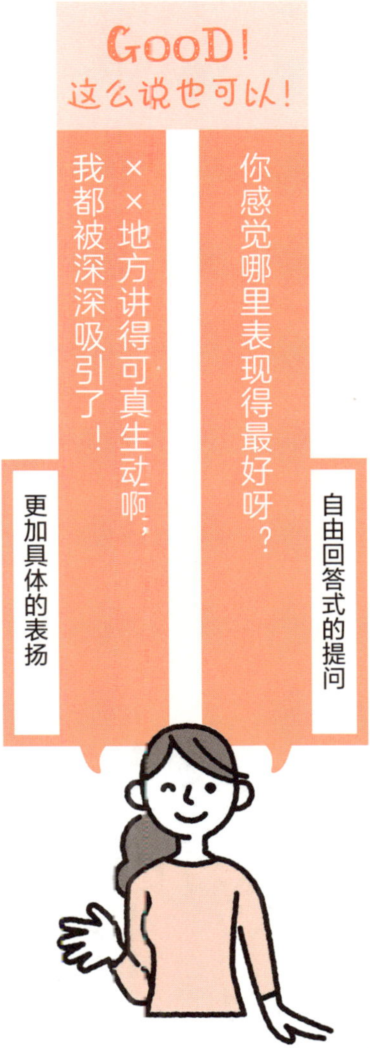

案例10 考试取得好成绩的时候

夸张地表扬孩子“很聪明”，有可能会导致其过于自信，进而不愿再努力。此外，还会造成一些负面结果，例如，当事情不顺利或者结果不理想的时候，孩子的自我认同感会降低，或者为了逃避压力而为失败找借口，等等。因此，大人在表扬的时候，不要仅仅拘泥于分数，而是要把焦点放在孩子取得这个分数之前的努力准备，实际从中学到了什么，或者考试中具体做得好的地方，等等。

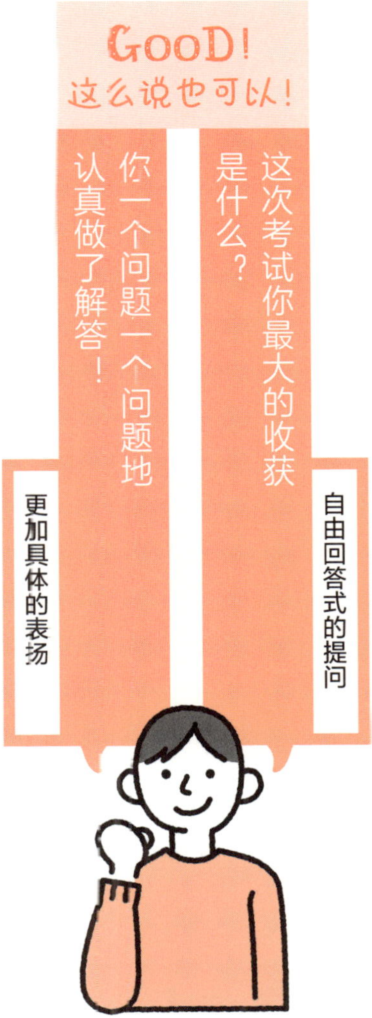

第3章

有助于孩子自立的批评方式

01 惩罚式批评方式不可取的四大理由

惩罚孩子的目的是让其停止不好的行为。传统的育儿法往往是通过给孩子施加肉体或精神上的痛苦来对其进行教训。除了体罚，口头惩罚（如大声斥责）、物质惩罚（如剥夺物品）、行为惩罚（如无视）等也属于惩罚之列。

但是，育儿中的惩罚存在四大问题。

❶ 激发更具攻击性、反抗性的态度

❷ 使暴力解决问题的方法正当化

③ 使亲子关系出现裂痕

④ 无法达到使其反省的目的

①激发更具攻击性、反抗性的态度

受到惩罚的孩子无处可逃，也无力改变什么，还会对惩罚自己的人（父母）感到愤怒。

结果，孩子就会用更具反抗性的行为来表达这种挫折感。因此，惩罚容易激发孩子具有攻击性的行为，父母继而又会对其进一步惩罚，最终双方陷入一种恶性循环中。

②使暴力解决问题的方法正当化

也就是说，使用惩罚的育儿方式等于是在向孩子传递这样一个信息：能够靠暴力或威迫来解决问题。如果父母不是靠尊重双方意见或想法的沟通方式来解决问题，而是单方面诉诸武力，那么在这样的“示范”作用下长大的孩子，成人之后会率先使用和平方式来解决问题吗？

很多情况下，经历过这种育儿方式的孩子自己当了父母之后，同样会对孩子采用一味惩罚、批评的专制性相处方式。如此一来，惩罚的连锁反应就会在代际间传递下去。

③使亲子关系出现裂痕

父母一旦惩罚孩子，孩子就很难再把父母看成是自己的同伴。当孩子最依赖也最希望能够爱自己的父母突然无视自己，或者用“不乖就不要你了！”“不能在规定的时间内回家的话，就取消你这个月的零用钱！”之类的话进行威胁，会令孩子产生极大的不安。

而且，如果孩子认为父母不可信赖的想法逐渐增强，他们就会对父母封闭心扉，这样一来就会伤害到亲子关系。

④无法达到使其反省的目的

受到惩罚的孩子往往一心想着下次如何逃避惩罚，而不会去思考自己的行为哪里有问题。

你是不是也曾有过下面这样的经历呢？即使剥夺了孩子的某些东西，孩子也并不在意。或者，即使让孩子在指定的地方冷静一会儿，孩子也依然如故，丝毫没有反省之态。

不做解释或者说明地单方面对孩子进行惩罚，并不能让孩子明白所谓的“错误行为”与惩罚之间的关系，因此也就无法促使其反省。

02 奖励和惩罚的两大陷阱

“糖果和大棒”这种交替使用奖励和惩罚的管理方式经常被用来管教孩子。

给予奖励（物质奖励、随意表扬等）或惩罚（剥夺物质、体罚等）是一种高高在上地控制孩子行为的方法，在这一点上两者非常相似。

大人按照自己的意愿进行表扬、奖励，或者给予惩罚，这里面包含着依照大人意志操控孩子的意图。也就是说，在带有附加条件这一点上，奖励和惩罚的本质是一样的。

因为希望孩子彬彬有礼，或者希望其更加努力学习，就“戴高帽”式地夸奖，这些方法你难道没有采用过吗？

仅仅是为了控制孩子的行为而使用溢美之词，孩子也能明白这并不是真心话。

惩罚和奖励的一个陷阱在于两者都必须持续进行才能达到目的。

经常会出现这样一种情况：即便是给予惩罚，孩子还是屡教不改，其行为甚至进一步恶化。于是，父母就必须再给予另外的惩罚，以达到“纠正”其行为的目的。

奖励也是一样，越是给予奖励，孩子对奖励的依赖就越强，父母就得不断进行奖励。例如：上小学的孩子算术得了 100 分就奖给 1000 日元 *，那如果这个孩子上了高中的话，什么样的奖励才能令其满足呢？当然，1000 日元肯定是不够的了。这就意味着不断重

*1000 日元约合 58 元人民币。（2021 年 12 月汇率）

复无谓行为，但问题却得不到根本解决。

奖励和惩罚的另一个陷阱是导致孩子形成以自我为中心的思维方式。

一旦不断被表扬，孩子就会一心想着下一次怎么做才能获得表扬。结果，孩子就不会去想自己的行为（例如友善待友）带给对方的影响（例如令朋友展露笑容），而是一心只考虑自己。

比如，太想孩子成为一个温柔的人就常常表扬说“真温柔啊！”“好了不起啊！”，这种夸人式或敷衍式表扬不仅会产生相反效果，还有可能导致孩子成为一个自恋者。

惩罚也是一样，受到惩罚的孩子往往会认为惩罚自己的人不好，或者一心想着如何逃避惩罚。因此，跟获得奖励一样，受到惩罚的孩子往往也会成为以自我为中心的人，他们不会去想自己的行为（例如捉弄弟弟）带给对方的影响（例如令弟弟很伤心），而是一心只考虑自己的得失。

03 高明批评方式四要素

批评孩子是为了教给其适应社会所需要的知识或技能，而不是为了通过惩罚来控制孩子的行为。

在育儿中，高明地批评比高明地表扬还困难。特别是在孩子不听话或者发脾气的时候，父母也会很急躁，有时就会感情用事。

那么，为了与孩子更好地沟通，应该采取什么样的批评方式呢？以下四点非常重要。这跟表扬时的注意事项本质上有很多相通之处。

批评方式四要素

1. 尽量不说“不行！”“不对！”
2. 看重努力或过程而不是结果
3. 说明反对某些行为的理由
4. 如实传达父母的心情

04 高明批评方式1 尽量不说“不行！”“不对！”

你是不是一不小心就会用“那不行！”“这不行！”“不对！”“不可以！”之类否定性的语言来批评孩子呢？当然，在眼看着孩子要跑到马路上去之类的危险状况下脱口而出是迫不得已。

不过，只要不是这种紧急状态，就尽量不要对孩子用一些否定性的语言，这一点很重要。

从“是这样啊”“我明白”开始

如果孩子不断听到“不行！”“不可以！”“不对！”之类的话，大脑就会因感到威胁而进入对抗模式。如此一来，孩子就很容易产生挫败感。

相反，当大人在充分考虑孩子的心情或意志的基础上进行对话的时候，就能防止其大脑进入对抗模式，孩子也就不会抵触反抗，而会耐心地探索自己或他人的心情。

从肯定性语言（“是这样啊”“我明白”等）开始并不意味着对孩子不加批评，放任其任性而为。

在脱口而出“不行！”之前，首先要在理解孩子想要干什么或说什么，并接纳孩子真实的样子基础上对其伸出援助之手。

例如：幼儿将衣橱里的衣服全部拉出来玩。这时候不要以“不行不行！你在干什么呀?!”之类否定性的语言开始对话，而要用“你想要把衣服拉出来玩啊”

之类的话来肯定其心情，然后再试着对其说：“这些衣服应该放在这个抽屉里，玩完之后我们一起收起来吧。”

05 高明批评方式2 看重努力或过程而不是结果

和表扬时候的措辞一样，批评的时候也要避免以人为中心的批判，要以过程为中心展开对话。所谓以人为中心的批判，是指责备孩子的性格、能力、外表上的缺点或短处的批评方式。

而以过程或方法为中心的对话，对于形成结果之前的努力或方法并不做消极评价，而是具体性地给予反馈。

孩子一旦被否定了能力或者方法，就会产生一种自己能力不够、怎么也做不好的无力感，从而丧失继续挑战的积极性。

例如：孩子考试得了40分。这个时候不要责备说："只得了40分，太糟糕了吧！真笨！"而要对孩子说："考了40分呀，好像没有达到自己的目标吧。下次怎么做才能学得更好一些呢？"

06 高明批评方式 3 说明反对某些行为的理由

所谓说明理由，跟表扬的时候进行具体说明非常相似。

这种方法意在从孩子所做行为对自身或他人会造成什么影响这一道德角度来向其具体说明，以期获得孩子的理解。

就像第 1 章中谈到的一样，当对孩子进行惩罚（体罚等）或者居高临下式的批评时，孩子一心想的都是如何逃避惩罚，根本没机会反省自己的错误。

而当大人以具体的理由向其说明时，孩子就会理解自己的行为和结果之间的因果关系。例如：一打朋友，朋友就哭了。除此之外，通过指出孩子的行为对他人的影响，如挨了打的朋友很伤心，还可以帮孩子培养关心对方的意识。

当孩子在超市里横冲直撞，即使你很想脱口而出训斥道："危险！不行！"也请换个说法，耐着性子对孩子说："乱跑的话可能会撞到，不仅仅是你，其他人或许也会因此受伤。所以，到这里来一起慢慢走吧！"

07 高明批评方式 4 如实传达父母的心情

“我讯息”是一种不去批判或否定对方，而是通过以“我”自身的心情为中心，传达自己的感受及其理由来取得沟通的方法。

例如，当面对出门前磨磨唧唧不好好准备的孩子，可以对其说：“早上如果能够准时出门，我就会很安心。而如果你迟到了，进而扰乱课堂秩序，我心情就很糟。所以，我们一起努力，下次开始尽量做到准时出门吧！”

父母如实表达自己的心情会帮助孩子学会体谅对

方的情绪，培养其构建良好人际关系的能力。

相反，以“你”即对方为中心的沟通方法称为“你讯息”。例如：你早上磨磨蹭蹭的，难道不会迟到吗？

“你讯息”就跟“以人为中心的批评”一样，听者容易感到“被责备了”，很容易做出一些具有攻击性或辩解性的自我防卫反应。结果，能够进行建设性交谈的机会就会减少，孩子的人际关系也容易出问题。

“我讯息”沟通法

高效的“我讯息”沟通法包含以下四个要素。

行为＋感受＋影响＋建议

①行为

不要使用责难或否定性的语言，要客观描述孩子的行为。

×“打弟弟太过分了！”

“为什么只能用打人的方式解决呢?!”

√ “因为争夺玩具而踢弟弟了吧。”

②感受

如实传达自己（父母）或者他人的感受。

× “真烦人！”“不可以这样！”

√ “看到你踢人或者打别人，妈妈很难过！”

“被踢的时候，弟弟哭得可伤心了！”

③影响

以其行为对自己（父母）或他人的影响为例，说明为什么那种行为有问题。

√ “打架弄坏了椅子，不能用了，我很难过。”

“被踢了之后，弟弟很伤心，一直哭。”

④建议

商量解决对策，探讨下次如何避免同样的事情发生。

× “下次再踢弟弟，就收回你的零花钱！”

√ “大家一起想出个不打架、两个人共享玩具的办法吧！”

注意事项

除了消极的感受，大家也要试着与孩子分享积极的感受。

本章聚焦的是“批评方式”，但“我讯息”并不仅仅适用于批评，分享积极的感受时也可以使用。例如“你帮忙收拾盘子，我省了好多事，真开心啊！”等等。

大人往往容易盯着孩子的短处，但与孩子积极分享喜悦或开心也很重要。

描述行为的时候，不要给孩子贴上“爱捣蛋的孩子”“坏孩子”“不听话的孩子”之类批判性或否定性的标签。

另外，也不要传递一些貌似“我讯息”的“你讯息”。例如，“因为你总是磨磨蹭蹭地不做作业（你讯息），妈妈特别焦急（我讯息）”，这样的说法乍一看像是“我讯息”，但实际上却是批判孩子行为的“你讯息”。

案例01 在墙上乱画的时候

很多时候，大人认为不可以做的事情，孩子其实并不懂。纸和墙壁对幼儿来说都是画画的画布，他们并不是有意做坏事。

在急着评判批评孩子之前，首先从孩子的角度想一想孩子想要做什么吧。假若在了解他想要做什么之后，仍然认为其行为超出了许可范围，也要用恰当的方式与其对话，以便与孩子一起找到其他方法。

案例02 坐不住的时候

对于幼小的孩子来说，长时间安静地坐着不动实在很难做到。尽管如此，或许有时候在候诊室或者拥挤的公共汽车上，还是需要顾及周围人的感受，必须保持安静不动。

当手头没带玩具或书的时候，动员孩子做游戏很有效。总之，首先要理解年龄小的孩子即使不能保持安静不动也是没办法的事情。在此基础上，试着提出孩子大人都可以快乐接受的方法。

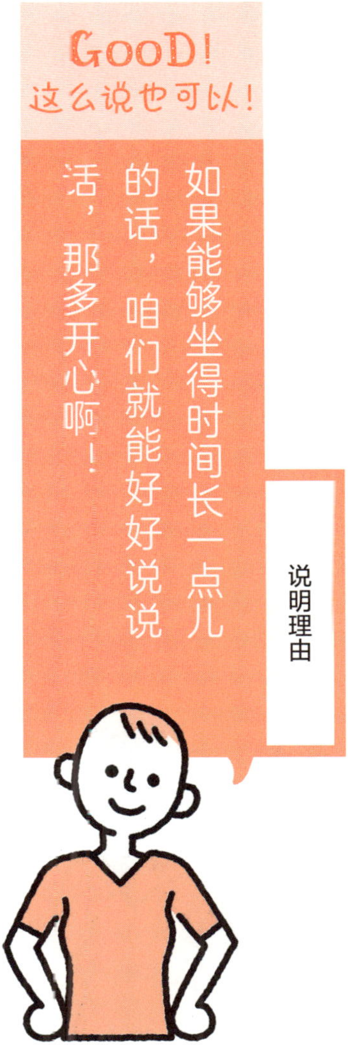

案例03 玩抽纸的时候

幼儿往往会对周围的一切事物充满兴趣。用手一拉，抽纸就不断地出来，这对孩子来说是一个重大发现，也是很好玩的游戏。因为抽纸被抽出来而感到烦恼的是大人，我们需要认真思考一下，是否真的有必要因此而批评孩子。如果因为家中的抽纸被孩子抽出来玩而感到烦恼，那就请放到孩子够不着的地方吧。或者也可以借此充分调动孩子的兴趣，在抽纸盒里放入薄手帕或者其他能够拉出来的东西，将其变成玩具。

GOOD!
这么说也可以!

如果抽纸没有了，想用的时候就会很麻烦。

说明理由

案例04 弄乱房间的时候

我想大家应该经常遇到孩子不收拾玩具之类的情况。在判定孩子“邋遢”之前，请先确认一下周围是否具备易于孩子收拾的收纳环境（按玩具种类准备箱子等）。

此外，不要拿大人的收拾水准或速度来强求孩子，这一点也很重要。一旦孩子形成“收拾 = 挨训”之类的负面印象，就愈加不会去收拾了。倘若孩子还不会自己收拾，那就从一起愉快地收拾开始吧！

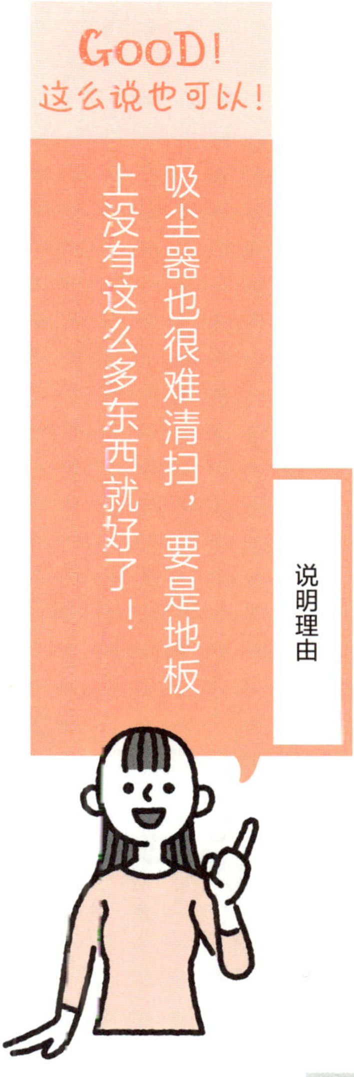

案例05　弄洒果汁的时候

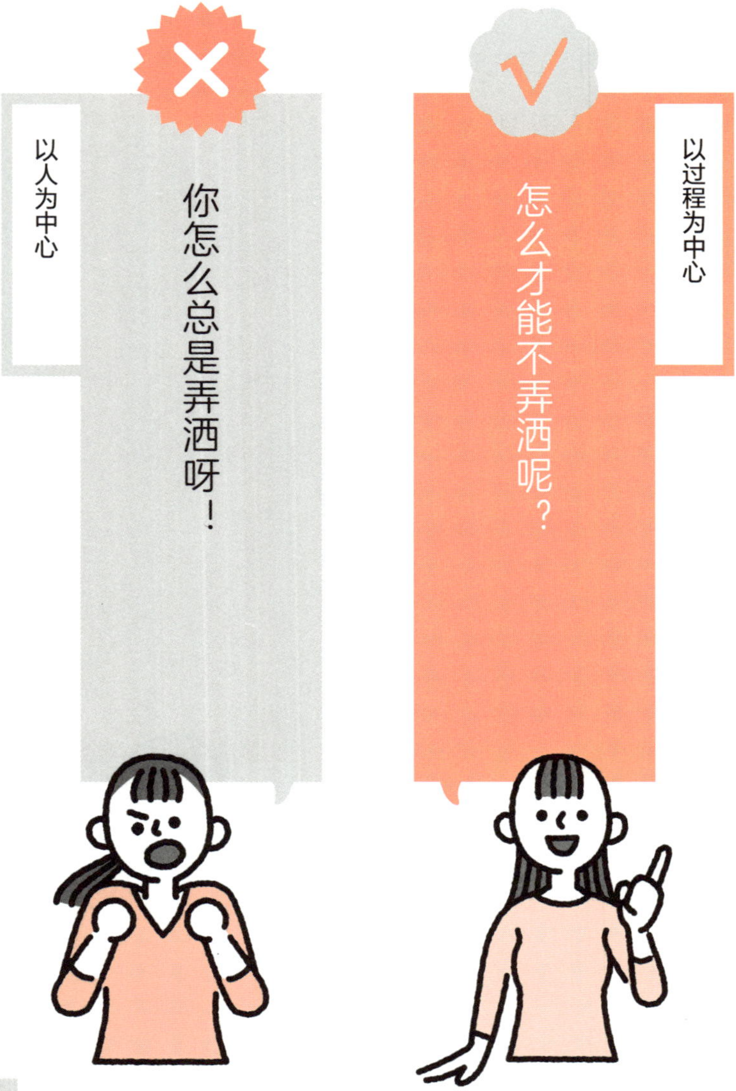

孩子对自己的身体大小和空间的认知能力尚不够发达，因此不像大人那么灵巧，所以经常发生一些诸如跌倒、撞到身体或者手一碰到杯子就把饮料弄洒之类的事情。在不发达的能力方面，即使责备对方“为什么做不到”，也解决不了问题。

首先要为孩子创造一个不容易弄洒的环境，比如可以准备带盖儿的杯子等。在此基础上，倘若孩子很明显是因为不注意而继续弄洒，那就一起讨论解决对策，看看怎么做才能不弄洒。

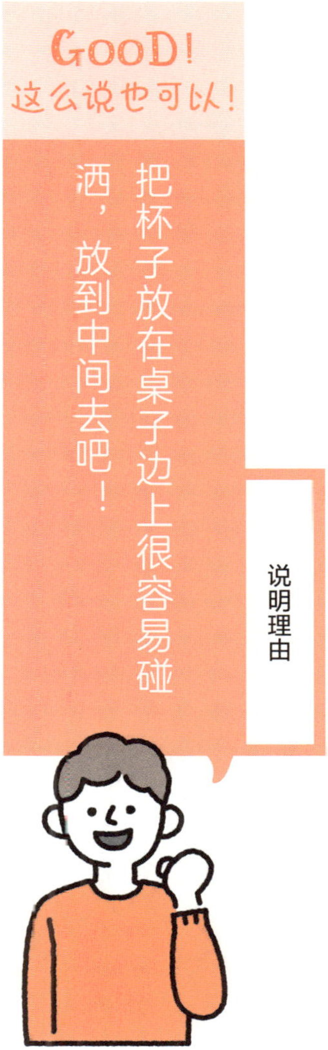

案例06 在超市耍赖的时候

✕

以人为中心

不是说了不买吗！
你怎么这么不听话呀！

√

以过程为中心

你能帮忙把东西放进这个购物筐里吗？

超市里有很多对孩子来说充满诱惑力的商品。特别是幼儿，他们很难理解想要的东西并不一定会立即到手这件事，进而就容易产生挫败感，并因此发脾气。

在进入超市之前，首先简单地跟孩子说明一下规则（可以在预算之内买一件东西、只能买购物单上列的东西等等）。此外，帮忙购物对孩子来说也是一件愉快的事情。可以试着调动起孩子的积极性，比如请其帮忙将商品放进购物筐等。

GOOD!
这么说也可以！

如果能够买完购物单上列的东西早点儿回家，我会很开心呢！

说明理由

案例07 打朋友的时候

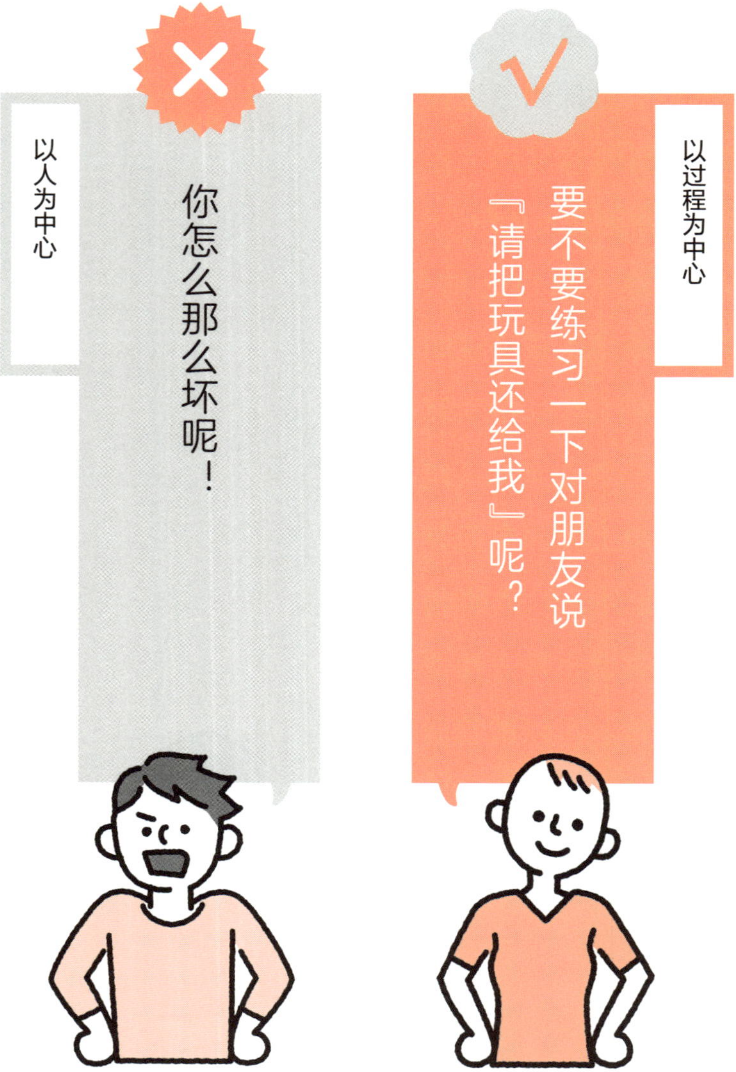

幼儿的自我控制力还不发达，此外，他们尚不具备充分表达心情的语言能力，因此，在心生不满或者不高兴的时候就经常会打人。关键是要告诉孩子为什么不可以打人。而且，让孩子知道除了打人还有其他解决方法，这一点也很重要。

当然，由于这也关系到其他孩子的安全，或许并不容许去仔细观察。但是，观察并了解孩子为什么出现打人行为，会有助于防止同样的事情发生。

GOOD!
这么说也可以!

你扯朋友的头发，朋友会很疼，下次别这么做了，好吗？

说明理由

案例08 考试成绩不理想的时候

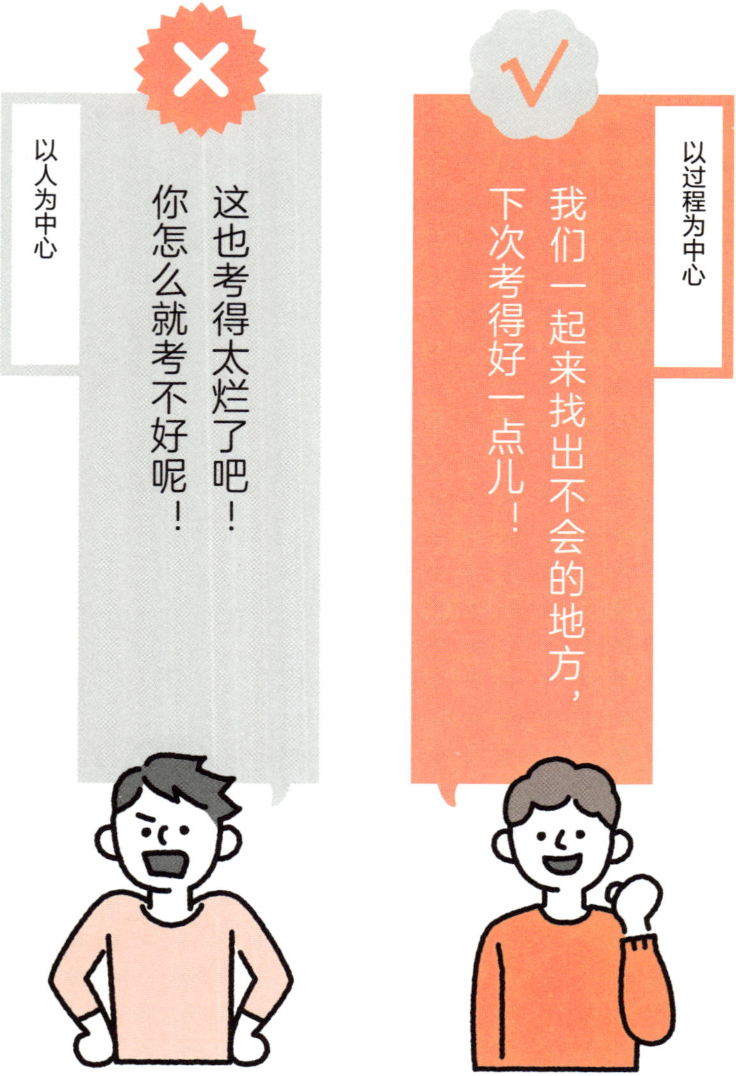

即便是大人，失败的时候被人反复唠叨“为什么做不到”，恐怕也很难冷静地进行反省吧。孩子也是一样。倘若不断使用以人为中心的批评方式，孩子就会将结果和能力直接联系在一起，认为“反正是做不到，努力也没用”，继而放弃努力。当演讲不顺利或者足球比赛输了等事情发生的时候，孩子自己恐怕也会很失落。

此时，首先要与孩子分担这种遗憾的心情，然后再充分利用这种经历，采用恰当的交谈方式将其变成学习良机。这样的谈话方式会有效得多。

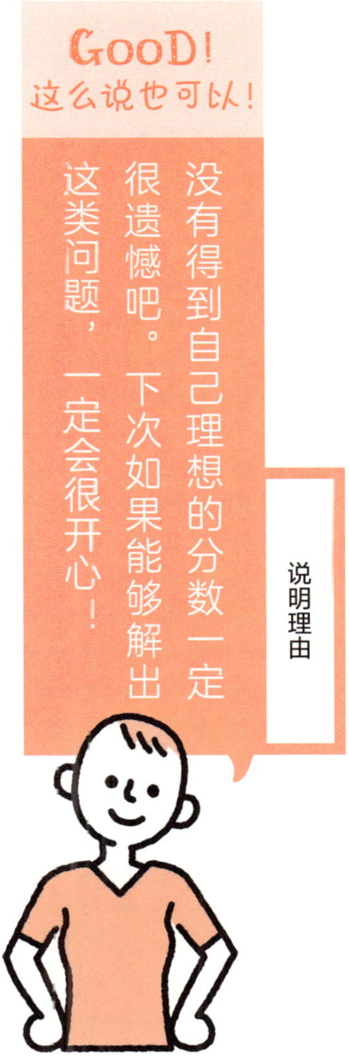

案例09 抵触做作业的时候

看到孩子总是不做作业，大家也经常非常焦急吧。即使催其做作业，孩子也还是有更多不愿做作业的理由（没意思，不明白，等等），因此催促并没有效果。这就跟对孩子说“好好学习”没什么作用一样。

关键是要为孩子创造一个利于做作业的环境，诸如规定好做作业的空间或时间，使其形成习惯。可以谈一谈之前做得比较好的例子，或者在制定规矩的时候也充分考虑孩子的意见。

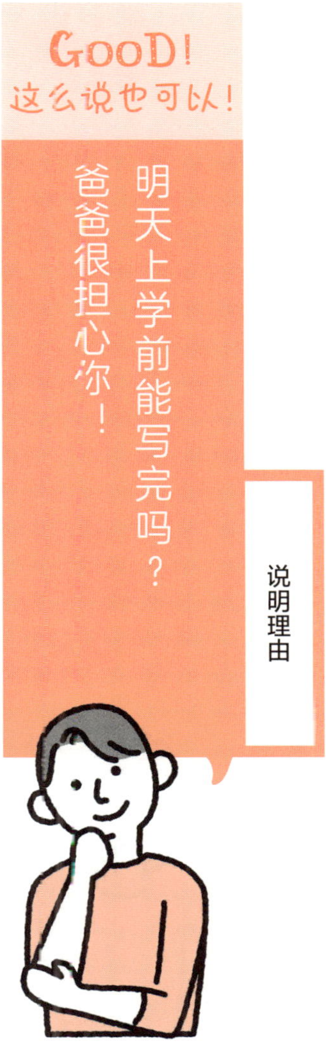

案例10 不按时回家的时候

✕

以人为中心

你为什么总是不能遵守约定呢？

√

以过程为中心

这次没能按时回家，以后怎么做才能按时回来呢？

孩子长大之后就会觉得跟朋友待在一起更愉快，因此，或许也会有不能按时回家的时候。这时，父母不仅会因为孩子不守约定而生气，也会因为担心孩子的安全而很紧张。

遇到这种情况，首先要向孩子说明为什么需要设定限制。然后，还要让孩子参与规矩的制定，而不是单方面地将大人的决定强加给孩子。倘若自己也参与了规矩的制定，孩子会更有可能为自己的行为负责。

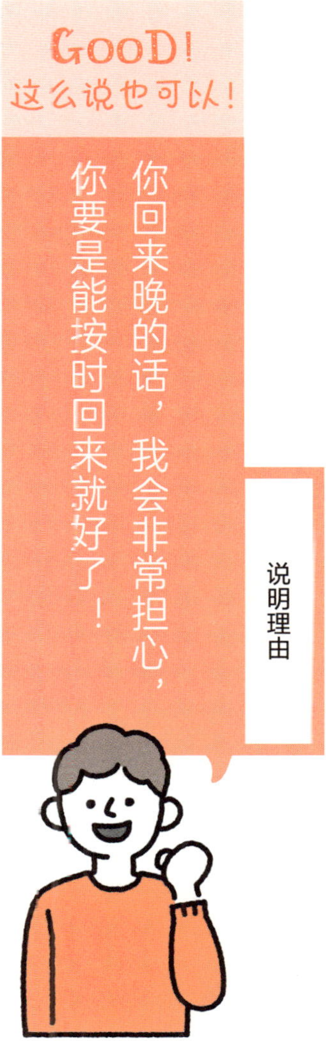

第4章

利于亲子沟通的倾听习惯

01 利于孩子成长的积极倾听

孩子学习交流沟通的最初场所就是家庭。通过与兄弟姐妹等家人之间的会话、交流，孩子可以获得恰当的会话能力或社会适应性。

孩子通过从父母那里感受到“被认可”而敞开心扉。相反，倘若感到被批判或否定，孩子就会封闭心扉。

因此，无论是为了能够顺利展开对话，还是为了拉近亲子关系，将“我认可你”这一信息传达给孩子都非常重要。

那么，怎样才能将这种认可、接纳的心情很好地传达给孩子呢？第 2 章和第 3 章中介绍了表扬和批评的方法。除此之外，认真听孩子说话的“积极倾听”也是重要交流方式之一。

全神贯注地听孩子讲

所谓积极倾听就是对说话者投入 100% 的注意力，对其讲的话不增不减地无条件听进去。

那么，与孩子对话的时候，大人能够做到调动自己的全部注意力，毫无偏见地听孩子讲话吗？

你有没有时常去打断、质疑、评价孩子的话，并忍不住进行说教呢？

是不是由于忙于生活，很多时候也会一边思考事情，或者对孩子的话心怀偏见，一边心不在焉地敷衍着听一下呢？

积极倾听不仅仅是听孩子说的话，也要对其动作手势等加以注意，因此需要集中注意力，并拿出充分的耐心。

在清空自己的担忧或成见的基础上，用自己的耳朵、眼睛和心灵去倾听眼前这个孩子讲话，这并非一件容易的事情。只有对孩子的话充满兴趣并发自内心地体谅、尊重孩子才能够做到。

不被否定可以培养独立思考能力

积极倾听最大的好处就是可以让孩子获得一种“自己的话没有被批判，能够得到理解”的安心感，并因此获得毫不辩解或不讨价还价地反省自身，进而独立思考解决对策的机会。

此外，情绪并不分好坏，无论是什么样的情绪，生气、羞怯、嫉妒、悲伤等等，在对话的过程中，如果都能够被作为听众的父母等大人不作任何否定地给予理解，这才是积极倾听。

如此一来，孩子也不会对感受喜怒哀乐这件事产生羞怯、排斥或罪恶感了，进而更容易接纳自己的情绪。在听到别人说“不要为那样的事生气”“不必为那样的事悲伤”这些话时，也没有必要使劲儿压抑自己的情感。

感受到自己的话被认真倾听、接纳，孩子可以学会直面自己的情绪或问题，不依赖父母等大人，负责任地思考自我。

另外，“能够被人理解”这样的感受也有助于培养良好的亲子关系。倾听者和被倾听者都会对对方产生善意或温情，这也是积极倾听带来的好处。

02 积极倾听四大要点

有效实践积极倾听，大致有四个要点。

1. 肢体语言（如表情、目光接触、姿势）
2. 无条件的接纳
3. 积极反馈（如复述、改换说法、明确化、归纳）
4. 注意沟通障碍

①肢体语言

在积极倾听方面，通过语言以外的肢体语言或态度来展示对对方的关注，以此营造易于倾诉的良好氛围，这一点非常重要。据说，肢体语言在人类交流中实际发挥着55%的作用。

为了表示对对方的关注或关心，掌握肢体语言SOLER原则的基本动作非常有效。

S = Square（面对面）：坐在对方的对面

O = Open（自然开放的姿势）：不要交叉着腿或双臂，或者摆弄东西

L = Lean（身体微微前倾）：将身体微微倾向对方

E = Eye contact（目光接触）：与对方视线交汇

R = Relax（放松）：不慌不忙，保持镇静

②无条件的接纳

在积极倾听中，除了通过肢体语言营造易于说话者倾诉的氛围之外，发自内心地倾听对方讲话并无条

件接纳也发挥着非常重要的作用。没有这种接纳精神，积极倾听就难以成立。

发自内心地对孩子的话充满兴趣

尽量停下来，腾出时间听孩子讲话。

真诚接纳孩子的感受

即便是微不足道的事情，或者即使跟自己意见相左，也要真诚接纳孩子的感受。

信赖孩子

即使孩子感到痛苦，也要相信孩子能够靠自己的力量解决问题。

把孩子看成是与自己相分离的独立个体

一定要认识到孩子也是拥有自己想法和感受的个体，而不是父母（大人）的分身或所有物。

● ③积极反馈

积极反馈是指一边复述归纳说话者的感受或问题，一边确认如何感同身受地理解对方所讲的内容。

这种时候，作为听众的父母或其他大人不要对作为讲话者的孩子表达自己的意见或评价，也不要给予建议或鼓励。

重复说话人的话（复述），换个说法叙述（改换说法），为了使其明确而提问（明确化），用听者的语言将说话人所讲要点简洁概括（归纳），通过这些方式可以弄清楚说者和听者的理解是否一致。此外，给予说话者积极反馈，还有利于双方建立信赖关系，进而更容易引导孩子讲出自己的想法。

● ④注意沟通障碍

在积极倾听的时候，有必要尽量避免一些平时习惯性的反应。有时在其他场合适用的反应，在积极倾听的时候，会成为沟通障碍。

不要妄加判断

倘若按照大人的价值观进行评判，或者给孩子贴上否定性的标签，就很难再看清眼前这个孩子的本质，也很难去理解孩子的心情或问题。

不要试图帮其解决问题

倘若对孩子妄加命令或者随意建议，就会剥夺孩子自己解决问题的机会。

此外，如果对孩子说“你自己办不到，要这样干，我来替你做”，孩子很可能会理解为父母或其他大人对其缺乏信任。

不要岔开话题

妄加评论或者忽视孩子的心情，不仅会剥夺孩子畅所欲言的机会，也等于拒绝与孩子沟通，认为其遇到的问题或忧虑不足为道。

在积极倾听中，比起指出事实，真诚倾听更重要。

03 试着去倾听

很多家长在听孩子讲话的时候都会不自觉地设置沟通障碍。请看下面的例子。

● 与一脸失落的孩子之间的对话（幼儿园、小学低年级孩子）

假设孩子从幼儿园或学校回来之后一副气馁样，这种时候会展开什么样的对话呢？

孩子：小誓今天没有跟我一起玩儿。

父母：明天再跟小誓说一起玩儿怎么样？你不说出来，小誓就不会知道啊！（**随意建议**）

孩子：但我不想再和小誓玩儿了。

父母：为这样的事情烦恼也不管用啊！（**评判**）你肯定只是太累了，明天就不会这么想了，没关系的。

孩子：幼儿园也不想去上了！

在使用积极倾听法的时候，交流内容就会发生一些变化。

孩子：小誓今天没有跟我一起玩儿。

父母：今天没能跟小誓一起玩儿啊。（**复述**）
一定很失望吧。（**明确化**）

孩子：是。
不想再一起玩儿了！
小誓已经不是我的朋友了！

父母：是吗？

你不想再和小誓做朋友了呀。（**改换说法**）

孩子：但是，小誓上次还跟我说一起玩儿过家家呢。

父母：是吗？

最近小誓还邀请你一起玩儿过家家了呀。（**复述**）

孩子：嗯。

小誓喜欢玩儿过家家。

但是总是由小誓来扮演妈妈，老是轮不到我扮妈妈。

父母：这样呀。

总是只能由小誓扮演妈妈吗？（**改换说法**）

和小誓一起玩儿过家家的时候，其实你也想扮演一下妈妈角色吧。（**归纳**）

孩子：我也可以扮妈妈呀。

小誓有时候还是挺好的。

父母：是吗？

跟小誓在一起很愉快吧？（**明确化**）

孩子：嗯！

明天我再试着对小誓说我想扮演妈妈的角色吧。

● 与一脸不耐烦的孩子之间的对话（小学高年级孩子、初中生）

再来看一组对话例子。

假设孩子从学校回来之后一脸不耐烦的模样。

孩子：今天我不吃饭了。

父母：为什么不吃饭啊？

我都已经做好了！（**抱怨**）

你是吃点心吃得不饿了吧。（**指出事实**）

孩子：就是不想吃有什么办法！

父母：过会儿会饿的，多少吃一点儿。（**命令**）

孩子：不是说了不吃吗？真烦人！

父母：你怎么就只会说这种话啊?!（**批评**）

在使用积极倾听法的时候，交流内容会发生一些变化。

孩子：今天我不吃饭了。

父母：哦？

今天不想吃饭了。（**复述**）

孩子：心里很烦，没心情吃了。

父母：发生什么不愉快的事了吗？（**明确化**）

孩子：参选篮球队落选了。

父母：是这样啊。

没能成为篮球队的正式成员啊。（**复述**）

孩子：教练还大发脾气，实在太糟糕了！

父母：是吗？

教练一发脾气，你心里肯定更难受吧。（**改换说法**）

孩子：什么都不清楚就乱发脾气，真是太烦人了。

父母：是不是感觉没能得到公正的评价呀？（**明确化**）

孩子：是啊。

明明已经很努力了，却还要被训斥。

父母：你明明已经很努力了，可教练还是很生气吗？（**复述**）

孩子：关于参选篮球队这件事，我也不知道该怎么跟教练讲。

父母：感觉沟通不顺利也是一个问题吧。除了落选篮球队这件事，实际上最让你烦恼的是没能好好跟教练沟通吧。（**归纳**）

孩子：没能入选篮球队也很不甘心。

父母：是啊，肯定很不甘心呀。（**复述**）

孩子：虽然不知道行不行，我明天再找教练说说吧。

当然，现实对话并不会如此简单地展开，但不论是什么样的“剧本”，是否使用积极倾听法，对话质量会存在明显差别。

沟通障碍被大量“设置”的时候，孩子的烦恼或心情就无法被父母顾及。这样一来，不仅孩子的悲伤、烦恼不被理解，问题也得不到解决。

在采用积极倾听法的对话中，我们会通过复述、改换说法、明确化、归纳等方式，从孩子的视角去思考问题。感受到被接纳的孩子也不会再封闭心扉，进而更容易向父母讲出自己的心情或问题。

这种积极倾听与只是沉默着被动地听，存在着很大差别。它也不同于单方面地帮孩子解决问题。

不通过大人的价值观或判断这层滤纸，直接去贴近孩子的世界，真心倾听孩子的话，这就是积极倾听。如此一来，孩子终将能够依靠自己的力量思考、解决问题。

04 容易导致亲子冲突的七个习惯

想跟孩子进行良好对话，建立融洽亲子关系，或许是每个父母的愿望。

选择理论认为，作为行为选项之一，“增进人际关系的习惯”和“破坏人际关系的习惯”各有七个。所谓选择理论是指人的一切行为及其产生的幸福感都是基于自我选择的结果。该理论认为，人们可以靠自己的思考或行为构建起良好的人际关系。

该理论也同样适用于成人与孩子之间的关系。

首先来看一下，什么样的行为会导致成人与孩子之间的关系恶化。这七个习惯全都属于积极倾听时的沟通障碍。

①批判

否定性地指出孩子行为中的缺点或错误：

“我早就说过嘛！”

“说多少遍你才能懂呢！”

“你也不小了呀！”

②责备

当事情发展不顺利的时候把责任推给孩子：

“迟到还不都是因为你吗?！”

“为什么不提前说呢？”

“都是因为你不小心才把书桌弄脏了！”

③抱怨

诉说失望或不满：

“真烦人！”

“根本不行！”

“快点儿呀！”

④威吓

用惩罚来吓唬孩子：

“再哭就不管你了！”

“不听妈妈的话就不跟你玩儿了！”

“考不好就不准再带朋友来了！”

⑤惩罚

剥夺物质或者收回爱：

· 剥夺玩具

· 减少零用钱

· 体罚、无视

⑥用方便的奖励控制孩子的行为

为了大人的便利给予表扬或物质奖励：

“听话就给你点心吃。”

“好好刷牙就给你贴纸玩儿。”

“因为你今天很听话，所以要买玩具给你呀！”

⑦唠唠叨叨地责怪

执拗地唠叨同一件事，反复说教：

“你有没有好好听啊？”

“真明白了吗？”

“要我说多少遍你才能懂啊？”

● 重拾“不控制孩子”原则

例如，当孩子弄洒饮料或饭的时候，你是否会忍不住训斥，说些诸如“啊，你又弄洒了！总是这样弄洒！怎么不用双手拿呢？”（**抱怨、批判、责备**）之类的话呢？

或许有时还会这样讲：

“下次再弄洒就不给你点心吃了。”（**威吓**）

“下次如果能拿好就给你贴纸玩儿。”（**奖励**）

“下次就不会弄洒了吧。哎，你听到了吗？我不是说过要用双手拿吗？”（**唠叨责怪**）

像这样，即使是日常生活中的一些小细节，也会让父母不知不觉间养成容易导致亲子冲突的习惯。

这些习惯有一个共通点，那就是大人试图按照自己的想法从外部控制孩子。不仅仅是对孩子，在对待职场上的同事或下级、爱人或恋人、朋友等成年人时，我们有没有这些习惯呢？回头想一想，或许也会大吃一惊吧。

一直用这样的态度去对待对方，对方当然也就慢慢变得不再愿意与你分享快乐与喜悦了。

05 利于亲子沟通的七个习惯

容易导致亲子冲突的七个习惯是人际关系恶化的原因，而利于亲子沟通的七个习惯则可以说是改善关系的解决对策。

①支援

支援孩子达成某事：

“这次有些遗憾，我们一起想想下次怎样才能做得更好！”

②鼓励

在孩子失败或失落的时候给予鼓励：

“倒挂单杠做不好啊。你每天那么努力地练习，即使现在做不好，将来也肯定能做好！”

③倾听（积极倾听）

认真倾听孩子的心声：

· 肢体语言

· 理解

· 反馈

④信任

不带任何偏见地相信孩子的能力并拭目以待：

· 孩子自己能够做到的事情，不要随意插手，而应拭目以待

· 在孩子努力奋斗的时候静静守候

⑤尊重

把孩子作为一个独立的个体加以尊重：

· 认识到孩子也是与大人拥有同等权利的独立个体

· 重视孩子的尊严，亲子之间并无高下，不要滥用权威

⑥讨论差异

在出现意见或价值观分歧的时候也要努力协商：

· 不纠结于争论对错

· 不将大人的意见或结论强加给孩子

⑦接纳

接纳孩子的真实状况：

· 不拒绝孩子的意见，认真倾听以便能够理解其心情

· 不管孩子行为好坏，接纳其真实状况

● 养成这些利于沟通的习惯，亲子关系会发生惊人的变化

同样的问题，例如孩子将饮料弄洒了，如果采用

利于沟通的方式，结果又会怎么样呢？

“即使很小心有时候也会弄洒的。”（**接纳**）

“我们一起想想怎样做才不会弄洒吧！”（**支援**）

“哦，原来是因为杯子湿，手才滑了呀！”（**倾听**）

“哦，原来你是想像爸爸那样单手拿呀。”（**接纳**）

“地板上洒了饮料的话，可能会让家人滑倒受伤。妈妈单手拿的时候都会确认一下杯子是不是湿的，你下次会怎么做呢？”（**讨论差异**）

像这样改掉容易导致冲突的习惯，积极养成利于沟通的习惯，我们的人际关系，包括亲子关系，就会发生惊人的变化。

在人们已经养成容易导致冲突的习惯之后，再形成利于沟通的习惯并不容易。

但是，为了构建更好的亲子关系，也为了提升孩子与父母自身的幸福感，请大家有意识地在日常交流中养成利于沟通的七个习惯吧。

“利于亲子沟通的习惯”和“容易导致亲子冲突的习惯”

利于亲子沟通的七个习惯	容易导致亲子冲突的七个习惯
支援	批判
鼓励	责备
倾听（积极倾听）	抱怨
信任	威吓
尊重	惩罚
讨论差异	用方便的奖励控制孩子的行为
接纳	唠唠叨叨地责怪

第5章

这种时候应该怎么办？

常见问题答疑

问题 1 应该根据年龄区别对待吗？

按照年龄相应改变批评和表扬方式是不是更好呢？我家孩子才 2 岁，很多话他还听不懂，批评的时候也需要说明理由吗？

解答 虽说是 2 岁，但究竟是刚刚 2 岁，还是马上就 3 岁，这其中的情况也存在差别。但是，一般而言，在 3 岁之前，孩子已经逐渐开始理解事物之间存在相互联系（逻辑）了。

有相关研究表明，21 个月大的小孩子在自己会说话之前，也已经能够理解某种程度较复杂的语言（由几个字词构成的简单句子）了。

虽说能够理解的事情逐渐增多了，但 2 岁的孩子尚不太懂得换位思考，同时，想要尝试着自立的愿望又非常强烈。因此，当事情不符合自己意愿的时候常常会发脾气，这也是该时期的一个特征。

此外，很多2岁的孩子语言表达能力尚不完善，因此并不能像大人一样很好地表达自己的感受。

大家或许也有过这种经历：孩子发脾气的时候，即使跟他说明理由，也会由于孩子正处在极其不满或愤怒之中，根本没有什么用。此时，要记得积极倾听的接纳精神和积极反馈，先真诚地理解孩子的感受。

“哦，原来你想穿那件蓝色的睡衣呀。”

等孩子冷静下来再跟他简单地说明理由。“那件蓝色的正在洗，没法穿，等晾干了再穿吧！”另外，要保持规则的一贯性（不要每天说法不一），说过的事情要尽量遵守。例如，蓝色睡衣一旦晾干就要问问孩子想不想穿。如果大人能够做到言行一致，孩子也会更早地理解规则。

关于表扬，除了注意跟幼小的孩子进行简单说明之外，并没有必要根据年龄（3~12 岁）不同而改变方式。

据了解，即便是对于 14~26 个月大的小孩子，若父母采用更多以过程为中心的表扬方式，而不是以人为中心的表扬方式，那么在多年之后孩子往往更具备拼搏精神（知道自己的成长可以通过努力或奋斗得以改变的想法）。

也就是说，比起“好孩子”“真聪明”之类的话，从小听到更多“你坚持到了最后啊”“你毫不气馁地坚持下来了呀”之类话的孩子，长大以后更有可能具备挑战精神和拼搏意识。

要 点

对于 3~12 岁年龄段的孩子，没有必要根据年龄改变批评和表扬方式。不过，要注意用符合其年龄、孩子能够理解的话进行说明。

问题 2 不严加批评就不听话，想好好说话很难吧？

我家孩子很顽皮，如果不严加批评就根本不听话。

很多父母有时候都会怀着“不可以给周围人添麻烦”这样的心情去批评孩子。尊重孩子也要有尺度，实践本书中的教育法很难吧？

解答 确实有必须对孩子严加批评的时候。例如在教给孩子规范（如就餐礼仪），涉及有关孩子自身安全（如在马路上乱跑）、周围人的安全（如弄伤朋友）、爱护环境（如破坏公物）等事情上，有必要督促孩子多加注意。

尊重孩子并不是放任其为所欲为、丝毫不加规诫。

放任型的消极被动式育儿很可能会导致孩子共情力（体谅他人心情的能力）低下，进而做出反社会性的行为（对他人的攻击性行为）。

在日本，很多父母，尤其是父亲，常会采用这种消极被动式育儿的方式，对孩子的心理健康产生不良影响（导致抑郁或焦虑症等）。

有些时候当然也可以严加批评。问题不在于批评本身，而在于大人对孩子的期待与批评方式。

在批评之前再问一问自己：自己的期待与孩子的发展阶段相符吗？是不是因为不合大人的意愿便要批评呢？

为什么会觉得孩子慢腾腾地磨蹭呢？

难道不是因为对孩子抱有不合理期待，希望其行动速度与大人一样吗？

给孩子宽裕的时间有时并非一件容易的事，即便如此，父母还是要为孩子留出必要的准备时间。当孩子闹着说还想继续玩儿的时候，大人为什么会焦急呢？难道不是因为像对待成熟的大人一样去要求孩子，认为他应该立即转换心情吗？父母要提前做好相关准备，在去公园之前便跟孩子说明理由或给出选项，尽量让孩子做好心理准备。

一般说来，家长在没有时间或者不能按时做某事的时候就会特别急躁。例如购物的时候如果赶上孩子闹脾气，也会很在意周围人的眼光，会为给别人造成困扰而特别为难。或许有的时候还必须抱着哭闹的孩子离开那个地方。

但是，原则上来讲，即使在这样的状况下，批评方式也有所不同。请在理解孩子心情的基础上，采用以过程为中心的批评方式或者是“我讯息”沟通法（87~88页）来跟孩子说明理由。

把孩子当作一个独立的个体去尊重，不妄加干涉或者过度保护，耐心地给予支持，以便其能够独立思考，这就是无条件的相处方式。不拘泥于由大人来断定的行为“好坏”，真心地去守候，这就是无条件的相处方式。

静下心来想一想自己缘何对孩子发火，究竟是因为面子，还是真的为孩子着想，这一点很重要。

要点

在涉及社会规则或者孩子自身安全和周围人安全之类事情的时候，严加批评很重要。但是，你有没有在非关键时刻也按照大人的意愿去批评孩子呢？在对孩子急躁的时候，先静下心来想一想吧！

问题3 怎样才能让孩子遵守“每天玩游戏30分钟”的约定？

我儿子上幼儿园了，但即使跟他约好只能玩30分钟游戏，他也不可能30分钟就停下来。不让玩游戏，他就暴跳如雷。所以，常常就只能延长游戏时间。这会有什么不良影响？此外，怎么做才能让他只玩30分钟就停下来呢？

解答 大家都知道，小孩子过久观看屏幕会对成长造成不良影响，如肥胖，睡眠问题，自制力低下，学习能力或注意力、记忆力低下等。

不过，社交媒体或电视等科技已经成为我们生活的一部分，不可能完全与之隔离。就像教给孩子平衡饮食很重要一样，教孩子与科技良好相处也非常必要。

父母为了平复孩子的情绪（让其安静、消除怒气等）而延长游戏时间的行为，相当于消极被动式育儿。不设定必要的限制，孩子一发脾气便满足其要求，这样做根本发挥不了“好领导者”的作用。对孩子来说，含糊不清的态度意味着规矩本身的不明确。此外，父母缺乏自信的领导能力还会让孩子感到不安。

那么，怎么做好呢？

首先要说明理由。用具体例子告诉孩子，就像常吃垃圾食品有害健康一样，过度地看屏幕也会对身体产生不良影响。

“有过玩游戏时间长了睡不着觉的时候吧。”

“有过长时间看电视之后心情不好的时候吧。”

“这就跟吃多了危害身体的食物一样啊。”

然后再跟孩子一起制定规矩。

有趣的是，当想让孩子结束屏幕时间的时候，用“再玩儿 5 分钟”这样的话来引起其注意时，孩子发脾气的概率会增高。

因此，比起“玩儿 30 分钟”之类的时间限制（如果是孩子自己提议的话，那自然另当别论），在适当的节点让其停下来，或者制定“饭做好了就停下来”之类的限制，反而能够顺利转移其注意力。

在出行或者做饭的时候，让孩子看一会儿屏幕确实会帮父母很大的忙。而一起看电影或者玩游戏等作为家人的娱乐工具，电视或电子产品本身也有好的地方。

只要不是看电视或游戏时间过多，以致大大侵占了孩子在户外玩耍等活动时间，或者成为平复孩子脾气的“情绪奶嘴”，倒也没有必要将其全盘否定。

让孩子玩游戏并非就是“不好的父母”“偷懒的父母”，也没有必要为此产生负罪感，请一定放轻松！

要 点

说明为什么只能玩儿30分钟，并和孩子一起制定规矩。

电视或游戏并不一定不好，要辩证地思考。

问题 4 如何应对来自祖父母的溺爱？

作为父母的我们很注意表扬方式。可是，祖父母或亲戚、邻居等其他大人却常常用“真聪明啊”“真漂亮啊”之类的话来夸我家孩子。也要请别人不要这样吗？此外，祖父母有时会当着孩子的面跟别人谦虚地说“并不怎么聪明”之类的话，这是不是也不好呢？

解答 很多人会因为祖父母或外祖父母跟孩子的相处方式而感到焦虑，但却因为需要老人帮忙照顾孩子，或者碍于老人为孙辈着想而不便提意见。

对平时并不经常打交道的亲戚或邻居的以人为中心的表扬没有必要焦虑。不过，倘若是长时间待在一起的话，不仅仅是交谈方式，就连饮食生活等方面也都要注意，父母的做法与祖父母或外祖父母的做法之间的平衡，这一点很重要。

长时间高质量地与祖父母或外祖父母相处的孩子，会对老年人抱有积极印象，这是优点。

但另一方面，日本的研究表明，由于父母都要上班便由祖父母或外祖父母照顾的孩子，其患肥胖症的概率是由父母照顾的孩子的 1.6 倍。

祖父母或外祖父母为了让孩子高兴，常常频繁地给孙辈点心吃，这种溺爱很可能会给孩子的健康带来不良影响。

“我讯息”不仅仅适用于大人对孩子，同样也可用于大人之间的交流。

对于祖父母或外祖父母，在对其爱孩子之情表示感谢的基础上，父母可以试着找机会将自己的心情或做法附以理由，具体地传达给他们。

也要在积极倾听祖父母辈的期待或育儿意见的基础上，围绕着育儿的目的，心怀感激地进行交涉。

日本有以谦逊或谦虚为美德的文化。我想很多人也都有过这样的经历：当孩子或家人受到表扬的时候，常常会否定或被否定说“没有那回事”。

虽然孩子6岁左右开始慢慢理解现实与幻想之间的差别，但在10岁之前尚无法理解谦虚、讽刺等语言背后的意图。

除此之外，孩子还容易把这种话理解为恶意。也就是说，不能区分真心话和客套话，只知道按照字面意思理解、接受。

因此，即便是父母只是出于顾及面子，或出于谦逊而无意说出的“没有没有，并不聪明”之类的话，孩子也会感觉直接被父母否定了。

一旦被自己深爱的人否定，即便是出于谦逊，不仅仅是孩子，连大人也会受伤吧。

如果有人夸奖孩子，就请坦诚地说声“谢谢”，并欣然接受吧。

要点

要与平日经常与孩子相处的大人（祖父母等）好好讨论与孩子的相处方式，并获得他们的理解与认同。

孩子在 10 岁之前尚无法理解谦逊或客套。当孩子受到夸奖的时候，坦诚地说声“谢谢”，并欣然接受吧。

问题 5 孩子挑食怎么办？

孩子马上3岁了，非常挑食，总是不吃饭。我不自觉地就会用点心作为奖励来哄他吃点儿蔬菜。这会对孩子造成不良影响吗？怎么做才好呢？

解答 我想很多人都会为孩子挑食而苦恼。相关研究表明，19~24个月的孩子挑食率高达50%。

即使将蔬菜切碎掺进平时吃的饭菜里，孩子也还是会像名侦探一样，将讨厌的东西挑出来。花时间琢磨、精心制作的饭菜，每次听到孩子说“不吃”，肯定会焦急或者失落吧。

我想也有很多人为了让孩子摄取营养，会忍不住用“再吃两口西蓝花就可以吃点心啦”之类的话来哄孩子。但是，这种用食物进行奖励的方式会产生各种各样的不良影响。

首先，给食物排序，“不吃西蓝花就不能吃点心”这种说法会给孩子造成这样的印象：不允许多吃的点心是奖励，而具有营养价值且对身体很重要的蔬菜却是惩罚。而且，把点心作为奖励给孩子，会让孩子更加想吃这些容易导致蛀牙和肥胖的食物。

据长期研究表明，听着“听话就给你点心吃”之类的话成长起来的孩子，长大之后更容易出现暴饮暴食或过度节食之类的现象。

也就是说，把食物作为奖励这一做法，即便是为孩子着想也不可取，它不仅会令孩子愈加偏离健康饮食生活，最终还会控制孩子的行为。

当然，大家或许已经尝试了各种各样的办法。那么要想不将奖励或惩罚用于孩子的饮食，又该怎么做呢？

第一，不必为孩子不吃蔬菜而恐慌。除了蔬菜，还可以通过大豆、水果等其他食物来补充所需维生素。在给孩子准备饭菜的时候，不要给食材排序，要一样盛放。大人也不要强行要求孩子只吃某一种食物。吃饭的量也要由孩子自己决定。

第二，年龄幼小的孩子尤其会对新食物（口感或外观不同）表现出抵触情绪。这时候就非常考验做饭者的耐性了。可以向孩子反复介绍新食物，如果是不满 3 岁的幼儿就是 5~10 回，3~4 岁的孩子则是 15 回左右。通过这种方式，孩子吃某种食物的概率会有所提高。

第三，在选购食物或准备饭菜的时候，尽量让孩子参与进来。无论是购物还是做饭，让小孩子一起参与的话，会更费时间，还会增加负担。不过，即便是小孩子，能做的事情也很多，如把食物放进筐里，或者用手摘莴苣，等等。而且，孩子对于自己参与准备的食物会更愿意吃。

当然，这些建议并非万能魔法。虽然很辛苦，但为了让孩子们养成长远的健康饮食习惯，请尽量不要将食物用于奖励或惩罚。

要 点

将食物用于奖励和惩罚会产生不良的影响。

可以尝试以下三种办法：①不要勉强孩子吃；②一次不吃的食物也要反复多次端上餐桌；③与孩子一起购物或者做饭。

问题 6 孩子已经上初一了，现在开始还有效果吗？

孩子已经上初一了，之前总是对其唠叨训斥，现在改变表扬和批评方式还会有效果吗？

解答 我不知道是否会立即见效。不过，改变表扬和批评方式，对于重新审视自己之前对孩子的看法，以及从根本上改变对成长中的孩子的看法，将是一个非常宝贵的机会。

之前为什么会对孩子唠叨训斥呢？发火的原因是不是孩子的行为不符合自己的预期？这样做收效显著吗？有没有深陷唠叨训斥和后悔反省的恶性循环，对自己心生厌烦呢？

前面已经写到，对 3~12 岁的孩子并不需要区别对待，可初中的孩子有着截然不同的身心需求。

青春期又被称为第二叛逆期，除了感情起伏剧烈，孩子还会质疑父母的建议和家里的规矩，寻求自立，喜欢反抗。

此外，比起父母，受朋友影响更大，这也是青春期的一大特征。该时期的孩子对朋友关系非常敏感，他们会将自己与周围人进行比较，并常常过于在意自己在班级内的影响力。

这时，倘若父母继续抱着“孩子不论多大都应该听父母的话”这样的观念，自然会与想要脱离父母管制的孩子产生分歧与冲突。

在充分考虑青春期发展特征的基础上，重新审视一下自己是否对孩子抱有不合理期待吧。

另外，如果之前与孩子相处的时候总是以批评为主的话，那就首先试着从耐心倾听孩子的话开始吧。在批评之前，你有没有试着先听一听孩子为什么会那么做或感受如何呢？

当然，如果向青春期的孩子提过多问题的话，或许会被认为是侵犯其隐私，反而会令其越发封闭心扉。请尽量注意以积极倾听的方式去耐心听取孩子的话和感受，去了解孩子究竟对什么样的事情感到挫败，他们真正希望父母理解的是什么。

关于表扬方式，有时候也需要稍微改变一下与青春期孩子的交谈方式。

在被大人表扬努力的时候，青春期的孩子们往往会怀疑这种表扬是否真诚，而在努力无果的时候，有的孩子还容易自我否定，因此，以过程为中心的表扬也有可能会起到反作用。

用积极倾听的方式逐渐接纳孩子的感受，并给予具体的反馈，以此来鼓励孩子或者在出错的时候给以指导。

虽然青春期的孩子身体长大了许多，精神上也强烈希望被当作大人来对待，但这个时期依然需要父母的良好领导。

无论在什么状况下，都要耐心守护孩子，让孩子知道父母对他们的爱。

要 点

改变表扬批评方式是重新审视自己对孩子的看法与期待的好机会。要意识到青春期孩子的发展特征，以积极倾听为前提，耐心与之相处。

亲子育儿专家分享时间

朱芳宜

家庭教育专家

国家卫健委干部培训中心婴幼儿早期发展项目专家

朱芳宜育儿心理创始人

问题 1

我们看到现代很多父母都乐于学习，希望能给孩子更好的童年感受，但常常不得其法，变得更加焦虑，请问您在此方面是怎么做的？

解答 父母的焦虑感不仅仅是因为没有方法，更深层次的原因还来源于父母自身的童年经历及目前所面临的压力。如果在童年经历当中自身的安全感是缺乏的，原生家庭带给自己的更多是恐惧、焦虑和不安，那么当我们为人父母后就很容易产生焦虑，把很多不是问题的“问题”放大和固化。工作、自身的养育倦怠、家庭关系等等，都有可能让我们产生焦虑，而孩子的一个个小行为很容易成为压倒父母情绪的最后一根稻草。那么，要降低自己的焦虑感，就意味着要不断觉察，不断地刻意练习，不断地调整自己的认知。我经常采用的方法是多思考孩子行为的原因，比如孩子哭闹较劲，我会去思考，他是困了累了饿了，还是我最近情绪不好，还是我最近控制他比较多。当认知调整了，我们就不再只盯着孩子的行为问题，而是思考孩子的需求，情绪和行为自然也就调整了。同时也要时刻告诉自己，不需要做完美的父母，只需要做一个真实的、也会犯错的，但是不放弃学习和成长的父母。

问题 2

请分享一下您在生活中表扬或批评孩子的一些方法和建议。

解答 从字义上，表扬可以换成赞赏与鼓励，批评可以换成指正。

关于赞赏和鼓励，可以：

（1）用具体的描述，而非笼统的评价，比如：我看到你把玩具送回了箱子里，地上看起来好干净。

（2）赞赏过程和努力，比如：你刚刚尝试了好多次，这一次你做到了。

（3）强调成就主体是孩子自己，比如：你尝试了好多次都没有放弃，你应该为自己感到骄傲。

关于指正，可以鼓励孩子承担责任，向前一步解决问题。不要揪着错误不放，一味批评、责备和惩罚，这只能让孩子觉得“我不行”；而引导孩子向前一步，修正当下的问题，会让孩子觉得“我没那么糟糕，我不仅是麻烦的制造者，还是问题的解决者。”

后记

一定要轻松育儿！

对于现代的父母特别是母亲来说，社会所期待的“完美母亲形象”无疑对他们造成了很大的压力。应该喂母乳，应该做饭，应该做创意便当，应该接送，应该做手工，应该做家务，应该照顾家人，应该待在家里，应该休产假，等等，简直是不胜枚举。

这些“母亲应该做 ××”之类的无形的社会压力跟母亲的负罪感或自卑感、压力的增加，还有极度疲劳都有着很大的关系。因为在被过多期待的情况下，人常常会对失败或错误充满恐惧并感到不安。

●“理想母亲形象”带来的压力和负罪感

似乎存在着这样一种社会现象：诸如“理想母亲形象”之类的社会规范越是遵守就越受社会认可；相反，越是违反就越被社会批判。于是，在自认为没有达到所谓“理想母亲形象”的时候，就会产生负罪感。

此外，每当听到来自同事或家人等周围人的指责时，就会强烈感觉自己是一个距“理想”甚远的失败母亲。

遗憾的是，为了保持自己的社会认同感，“通常应该和大家行动一致”这一观念在日本依然根深蒂固。自不必说，对于已经十分努力的母亲们来说，拼命保持“理想形象”实在是一件非常辛苦的事情。

● 父母自己幸福很重要

随着异国文化间的交流、人才流动的不断增加，日本人也慢慢从集体主义向以自我目标、思考、情感为主的个人主义过渡。

尊重个性和多样性的观念逐渐得到认可。但同时，“理想母亲形象”之类的社会规范依然根深蒂固，这也是日本的现状。而且，事实上，很多日本人认为个人主义可能会破坏人际关系，尊重个人与社会规范之间不时产生摩擦。

当然，“应该这样”之类的社会压力会令母亲非常紧张。而且，就像对孩子的看法和期待是大人情感或行为的根源一样，父母自身所持有的对父母的观念也大大影响着他们自我的情感。

也就是说，自己越是相信社会对父母的普遍看法，就越会为自己与“理想形象”之间的差距而感到苦恼。比如，“母亲应该陪伴孩子”这一观念在自己心中越强烈，就越会为自己不能陪伴孩子而感到焦虑不安。

实际上，母亲为工作和育儿并存而焦虑、心怀负罪感，或者备感压力，反而会对孩子的情绪产生消极影响。也就是说，母亲自身处于心理满足度高的状态非常重要。

父母自身幸福，能够给孩子的也会随之增加。“不完美也可以”“也可以巧妙利用半成品做饭（不自己做也可以）”“有时也会失败”等等，倘若试着有意识地改变自身对父母角色的看法与期待，或许就能够更加温柔地对待自己。

因为本来就已经很努力了，所以也不可能偷懒。而且也没有必要独自一个人承担所有辛苦！

● 质量比时间长短更重要

在实际生活中，你有没有为不能好好陪伴孩子而心生负罪感呢？

也是受“母亲的陪伴对孩子的未来不可或缺”这一社会观

念的影响，很多妈妈会对孩子怀有一份内疚、抱歉的心情。实际上，在夫妻都工作的情况下，跟父亲相比，母亲因自己工作带给家庭或孩子的影响而心生负罪感的概率明显要高出很多。父母对孩子的陪伴对于亲子关系来说很重要，但事实上，比起时间的长短，陪伴质量更重要。

3~11 岁的孩子与父母共处时间的长短对孩子的行为、情感发展、学习能力并没有太大影响。研究发现，即使相处时间短，如果一起参与高质量积极活动（交谈、一起读书、运动或做手工等），孩子的社会性或自我认同感以及忍耐力也会更高。相反，即使共处时间很长，如果只是一起看电视或者对孩子总是唠唠叨叨，说个不停，也会对孩子的成长造成一些消极影响，比如导致孩子的社会性或自我认同感较低等等。

也就是说，比起陪伴时间的长短，如何确保高质量、有意义的陪伴才更重要。

● 父母也是人，不必苛求尽善尽美！

孕育新生命，成为父母，这本身就是可敬的奇迹，是人生中的重大事件。有了孩子之后，在体验到之前从未经历过的喜悦与幸福的同时，会对育儿感到焦虑或不安，这恐怕也是现实。

与工作的冲突、经济方面的问题、社会制度的不完善等等，大家会遇到各种各样的状况，也根本不存在什么完美父母。

父母也是人。原本是一个人的个体也不会仅仅因为有了孩子，当了父母，便在一夜之间戏剧性地改变之前的价值观、思维方式、缺点或习惯。即使做了父母，可能也会有感情用事的时候，对孩子的态度也会随自己心情好坏而有所不同，这也是现实。

本书在表扬和批评的沟通交流方式方面介绍了一些要点。但最重要的是，要认识到究竟是为谁育儿，不要将大人的意愿强加给孩子，要耐心与孩子相处。

不过，也不必苛求完美，没有必要刻意压抑自身的感情，假装接纳孩子的行为。也没有人时时刻刻都能够做到无条件育儿。即便偶尔以人为中心夸张地表扬或者焦急地批评孩子，孩子也并不会因此就变坏。所以，父母尽可安心。

育儿问题并无绝对的正确答案。本书也只是将一个学者喜欢并热衷研究的内容分享给读者朋友。倘若能够引起大家的注意和思考，那就足够了。

我想，人人都会产生负罪感，或者在一天结束之时反省做得不够好的地方。在不断反省成长的过程中，在许可范围内做自己能做的事情，尝试着做自己认为对的事情，并多多去关爱孩子，我认为做到这种真诚育儿就可以了。

岛村华子